찬샘의 선집 57

# 나 먼저 꽃피어

이재정 산문집

# 나 먼저 꽃피어

초판 1쇄 발행 : 2018년 10월 3일

지은이 : 이재정
기 획 : 반숙자
편집인 : 박재분
펴낸곳 : 찬샘
인쇄처 : 대광인쇄
출판등록번호 : 제447-2007-000005
주소 : 369-800 충북 음성군 음성읍 시장로 130
전화 : 070-8841-3564. 010-3507-3567
팩스 : 043-873-3567
E-mail : byh050@hanmail.net



ISBN 978-89-97376-47-6 03810

이 책은 충북문화재단에서 지원받아 제작되었습니다.

# 나 먼저 꽃피어

이재정 산문집

# 책머리에

영하 30℃의 혹한을 그리 두껍지 않은 수피로 버티는 나무가 있다.
살을 파고드는 추위가 몰려올수록 더욱 더 껍질을 은백색으로 겹겹이 무장하는 나무.
사람의 눈에 띄기 싫어 깊은 산속에 조용히 터를 잡는 나무.
그럼에도 불구하고
칙칙한 겨울 산에 멀리서도 하얗게 모습을 드러내는 나무.
자기 몸이 타면서까지 "자작자작" 제 소리를 내는 나무.
자작나무이다.
나는 그런 자작나무이고 싶다.

첫 수필집이다.
글을 쓰는데 있어 나만의 소리를 내고, 나만의 색깔을 입히고 싶었다.
스무 해를 써 온 글들을 한 권의 책으로 엮으려니 제일 먼저 찾아오는 설렘은
글을 한 편 한 편 고민하면서 고를게 없어서 당황되고
출판사로 보내며 나는 거리의 인파속에 나신으로 서 있는 느낌이었다.

몸을 움츠리고 손으로 맨살을 가려보아도 부끄러움은 가려지지 않는다.

많이 부족하고 모자라서 낯이 뜨겁지만 자성自省의 기회로 삼으려 질끈 용기를 내봅니다.
여기까지 올수 있도록
걸음마부터 가르침과 관심을 주신 반숙자선생님과 문우님들.
모두에게 진심으로 감사드립니다. 또 뒤에서 말없이 늘 응원해 준 아들과 남편이 있어 지금의 내가 있을 수 있었습니다.
사랑합니다.
책을 예쁘게 내 주신 찬샘출판사에도 고마움을 전합니다.

유난히 뜨거운 여름을 보내고 구월의 바람좋은 날에
저자 이 재 정

# 차례

## 1부
## 관계의 온도

# 2부

## 가을의 이유

# 3부
## 사막의 현

## 4부
# 내안의 물리학

## 5부
# 나 먼저 꽃피어

## 6부
## 꽃의 비밀

# 1

# 관계의 온도

# 1부. 관계의 온도

# 신발 세 켤레

아들 방에 불이 꺼진다. 그제서야 나의 하루도 끝이 난다. 집안을 살피고 현관문의 잠금장치를 확인하고 돌아서는데 내 발에 밟힌 신발에서 휘파람 같은 소리가 난다. 이 소리는 여름휴가 때 제주도에서 들었던 해녀의 숨비소리와 흡사하다.

자리에 그대로 쪼그려 앉았다. 구두 두 쌍과 운동화 한 켤레가 놓여있다. 운동화가 찌그러져 있는걸 보니 아들 신발에서 난 소리다. 그이의 구두보다도 더 큰 것이 항공모함이다. 그 귀선은 밤 12시가 되어서야 집에 돌아왔다. 아침 일찍 나서서 가장 늦은 시간에 빈 몸이 되었으니 몇 곱의 수고를 한 셈이다. 그래서인지 제 주인만큼이나 지쳐 보인다.

학생인 주인을 끌고 다니느라 학교로, 학원으로 골치가 아팠을 것이다. 그러니 바빠서 참았던 숨을 몰아쉬고 있었는가 보았다. 아들의 운동화는 금방 더러워져서 자주 빨아주어야 하고 잦은 내 손길을 필요로 한다. 그리하여 신경을 썼는데도 또 지저분해져 있다. 지금보다도 더 많은 관심과 손길을 쏟으라는 항변을 하고 있는 듯이 보인다.

가족과 하루를 바삐 지낸 신발들이다. 여느 때 같으면 곱지 않은 신발냄새에 제대로 들여다 본적이 없지만 오늘은 다르다. 마음의 바닥으로부터 감정의 기포가 서서히 일어나 애잔하게 다가선다.

투박하고 무거운 그이의 구두는 밑이 한쪽으로 꽤 달아있다. 체중이 많이 나가는 주인의 무게를 버텨내느라 힘을 많이 쓴 모양이다. 바쁜 사람이기에 신발도 덩달아 분주했을 것이다. 사람들을 만나느라 이리저리 끌려 다녔을 것이고 거리의 이동도 많았겠다. 낯선 곳, 처음 만난 사람들로 어색했는지도 모른다. 그이에게서 술향기가 나는걸 보면 아마 술집에도 들렀는가 보았다.

그이의 분주했던 하루를 말해 주듯이 땀냄새가 유난히 심하다. 그다지 반갑지 않은 냄새를 나는 외면할 수가 없다. 그이의 고단한 모습을 보는 것 같아서이다. 먼지를 털어내고 구두약을 바른다. 닦을수록 잃었던 탄력을 되찾아서 어느 책의 생활메모를 본 것을 생각해내어 냉장고의 탈취제도 넣어둔다.

그리고나니 내 구두가 눈에 들어온다. 그이의 것에 비하면 편했던 하루였을 것이다. 사무실에 눌러 있었으니 돌아다닌 거리도 많지 않았고 체중도 참을만하지 않았을까 싶다. 그러다 집어 들어 보게 된 밑창은 굵게 금이 가 있다. 비가 올 때마다 양말이 젖어서 무슨 일인가 하면서도 무심히 넘겼었다. 금이 가다 못해 부러지는 나무처럼 휘어진다. 정작 나 자신에게는 무심했음을 일러주고 있다.

그랬다. 스스로를 돌볼 시간이 없었고, 여력도 없었다. 그이와 아들을 챙기기에도 늘 버거웠으니까. 금이 가도, 비가 와서 양말이 젖어도 비 오는 날이면 가족이 비를 맞을까봐 우산을 들고 갈 내 신발이다.

신발은 주인이 가는 곳이면 어디든지 간다. 마른 땅을 밟을 때도 있지만 진흙길을 가야 할 때도 있다. 신발을 보고 있으니 저마다의 하루를 보는 듯하다. 제각기 다른 신을 신고 다른 모양의 발자국을 찍고 다니다 돌아왔을 것이다.

누구나 지나간 자리에는 발자국이 남는다. 눈에 볼 수 있는 발자국이 있는가 하면 볼 수 없는 것도 있다. 그것은 그 사람의 발자취인 흔적이다. 땅위에 찍힌 발자국은 금방 지워져서 누구의 것인지도 모르게 되지만 삶의 흔적은 사람들의 기억 속에 오래도록 남겨진다.

절에 가면 스님들이 공부하는 선방 앞의 섬돌에는 조고각하照顧脚下라는 표찰이 붙어 있다고 한다. 이것을 붙여 놓은 이유는 신발을 바르게 벗어 놓으라는 뜻이다. 또한 자신이 지나간 자리인 뒷모습을 살피라는 의미이기도 하다.

현관에 가지런히 놓인 신발 세 켤레. 많은 사람들에게 유명하고 화려한 흔적으로 남겨지기를 바라지 않는다. 자신의 자리에서 주위의 사람들에게 정직하고 깨끗한 발자국을 남길 수 있기를 마음 길을 모아본다.

(2005. 3.)

# 효자손 무기형

그이는 주말만 되면 '해 뜨는 집'에 못가서 안달이다. 아파트에서는 혼자서 큰 덩치로 쇼파를 차지하고 꼼짝을 안해 내가 붙인 별명이 나무늘보다. 그런데 여기에만 오면 생기가 돈다. 온종일 무슨 일이 그렇게 많은지 부산하다. 아파트와는 전혀 다른 모습에 신기할 뿐이다.

봄빛 좋은 날, 해 뜨는 집에 난데없이 강아지가 보인다. 전에도 강아지를 데려다 키워서 내 성화에 못 이겨 남을 준적이 있다. 그이가 내 눈치를 살핀다. 나는 불뚝성이 나는데 웃음이 먼저 터져버렸다. 어쩌면 그이랑 닮았는지. 넓적한 얼굴에 통통한 게 뒤뚱거리며 걷는 모습이 얼마나 비슷하던지 강아지를 보자 나도 모르게 웃음보가 터지고 말았다. 예상이외의 반응에 영문을 몰라하는 표정이다.

강아지의 이름은 "어리"라 했다. 시베리안 허스키로서 황색은 드문 종이라서 아는 사람이 주는 걸 거절을 못했다고 한다. 주는 게 고마워서 얼른 데려왔음을 나는 안다. 강아지를 워낙 좋아하기 때문이다. 여기서 잔소리를 접을 내가 아니다. 매일 밥을 주어야 하고 사람이 같이 살면서 정을 주어야 강아지도 행복할거라고 몰아세웠다. 주인도 없는 외딴 터에서 혼자 느낄 외로움을 생각해 보았느냐고도 했다. 그리곤 어리에게 못할 짓을 하는 것이라고 일침을 놓았다.

나 몰래 키운 지 석 달이 지났다고 했다. 나와 말다툼이 오가는 사이에도 강아지는 그이만을 따라다닌다. 그이의 뒤를 놓칠세라 바짝 따라다니는 모습이 사람이 얼마나 그리웠으면 하여 애처롭기까지 하다. 조금이라도 아는 척이라도 하면 반가워서 온몸으로 흔들어댄다. 제게 보여주는 작은 관심도 그냥 넘기지 못하고 몇 배로 오버하여 반응하는 것이다. 나는 강아지의 이런 모습에서 엄마를 보았다. 내가 그이에게 했던 잔소리가 역풍으로 고스란히 내게 돌아왔다. 말 못하는 짐승도 저런데 하물며 사람이야…….

서울에 사시는 엄마는 가끔 우리 집에 오면 나를 따라다니며 많은 말을 한다. 좋던 기억력은 가고 세월 앞에 무뎌지고 했던 말을 자꾸만 하신다. 듣다가 지칠 때면 괜히 내 일을 하는척하며 딴청을 피우기가 일쑤다. 일일이 대답해 주고 대꾸해 주었어야 하련만 몇 번 반복이 되면 한계가 와서 건성으로 넘겼다.

사람이 그리운 건 엄마도 마찬가지다. 지금, 엄마는 방문을 활짝 열어놓고 있어도 아무도 와주지 않는다. 산수傘壽가 지난 노인에겐 문을 나서야 갈곳도 없고 오라는 데는 더욱 없다. 힘이 있을 때는 손자들을 봐달라고 부르던 며느리도 잠잠하다. 또한 집안일을 상의하러 자주 들르던 자식들도 뜸하다. 제 집에 왔다가 돌아갈 때면 가지 말라며 울던 손자들도 이제는 필요로 하지 않는다.

엄마는 혼자서 남게 되는 시간이 많아졌다. 직장으로, 학교로 빠져나간 빈집에서 온종일 오관 떼는 일로 소일한다. 젊어서는 화투를 만져보지도 않았으면서 오관을 떼는 데는 이유가 있으시다. 화투를 하면 치매에 걸리지 않는다고 믿기 때문이다. 자식들을 끝까지 고생시키지 않으려는 마음이다.

엄마에게는 말을 할 사람이 나밖에 없었던 거다. 아들들이 자분자분 말을 걸어주는 것도 아니다. 며느리들이 다정하게 이야기를 나누어 주지도 않는다. 혹여 손자들이 살갑게 굴며 놀아 줄 일도 없다. 누구와도 말문이 닫혀 버리는 때인 것이다. 나는 혼자서 느끼실 소외감을 헤아리지 못했다.

아니, 방관했다는 게 맞다. 아무리 되풀이하더라도 다 들어주었어야 했다. 중간에 물어보기도 하고 맞장구도 쳐주었어야 했다. 하나인 딸이 강아지를 통해서야 이제서 홀로인 엄마를 보게 되다니. 얼마나 무심한 딸인가.

가까운 곳에서 노인이 죽은 지 20일 만에 발견이 되었다고 한다. 이 소식은 스스로 나를 심판대위에 세운다. 언제나 가려운 곳을 긁을 수 있는 효자손. 돌아가시는 날까지 어디가 가려운지 말하지 않아도 긁어드리라고 붙인 죄목이다. 그래서 무기형이다.

'너를 엄마의 외로움을 방관한 죄로 효자손 무기형에 처한다.
땅. 땅. 땅.'

(2007. 8.)

# 어떤 소리 하나가

굴속처럼 캄캄했다. 아들이 수능시험을 끝내자마자 시작된 어둠의 터널이었다. 끝조차 보이지 않는 더 깊은 속으로 들어가고만 있었다. 채점되어 나온 점수는 잘 돌아가던 시계를 멈추게 했다. 나도 할 일을 잊었고 말을 잃어버렸다.

지금껏 아들은 속을 썩인 적도 없었고 공부 때문에 마음을 쓰이게 한 적도 없었다. 언제나 뿌듯한 기쁨을 주었고 엄마로서의 희망을 품게 했었다. 그렇기에 이번 수능도 걱정을 하지 않았다. 당연이 잘 볼 것이라 생각했기 때문이다.

그러나 기대는 갑작스런 돌풍을 일으켰다. 고등학생이라는 힘들고 긴 겨울을 보내고 찾아올 봄을 기다리는 아들에게 불어닥친 이 낯선 바람은 무엇인가. 봄을 시샘하는 꽃샘추위란 말인가.

이 바람은 순식간에 나의 존재를 흐트러뜨렸다. 아들이 좋은 대학에 가서 벅차 설레일 내 마음도 다 부서져버렸다. 아무것도 생각할 수 없고 굴속으로 들어갈 뿐이었다. 이렇게 내 희망이 좌절하고 있었다. 이런 내가 안 되겠는지 그이는 억지로 해뜨는 집(주말농장)으로 데리고 왔다. 오후가 되자 바람 좀 쏘이고 오라고 밖으로 끌어냈다. 어둠의 병에 열흘을 앓고 난 후에 제대로 본 바깥풍경이다.

햇살이 진저리치게 눈부시다. 자꾸만 빛이 거슬린다. 집 앞의 골프장을 끼고 혼자서 산책길을 걷는다. 입동이 지난 지 얼마 안 되어서인지 겨울이기 보다는 늦은 가을 모습이다. 솜털 같은 꽃은 없이 뼈대만 남은 갈대가 눈에 들어온다. 2주전에 보았던 민들레도 노란색을 버리고 잎만 갈색으로 바닥에 사그라져 있다. 그때 나는 봄에 피었어야 할 민들레에 한참동안 시선을 빼앗겼었다. 늦게라도 피려고 안간힘을 한 그 인내가 눈물겨워서, 그리고 때를 놓친 꽃을 외면하지 않고 찾아주는 벌이 애잔하여 오래 지켜보던 나였다.

단풍조차도 사라진 길 위에서 안내표지판을 만난다. "여기서부터는 길이 없습니다. 다시 돌아가십시오" 누군가 나무판에 매직으로 엉성하게 써서 전봇대에 걸어 놓았나 보다. 여기까지는 와보지 않아서 처음 보는 것이다. 집에서 꽤나 멀리 왔는가 보다. 할 수없이 뒤돌아서는데 '다시'란 말이 내 감관을 건드린다. 중심이 흔들리고 어지러워지면서 멀리서 어렴풋이 들려오는 박수소리가 점점 더 커지고 있다. 내 귀에서 늘 잔잔하게 살던 그 소리가 또렷해진다.

어느 해 여름휴가 때 제주도에서 몽고인의 기예쇼를 보았다. 열 살도 채 안되어 보이는 여자아이들이 펼치는 쇼였다. 줄 위에 공을 굴려 띄워서 재주 넘어 줄 위에 공을 받아야 하는 것이었다. 그러나 한 아이가 긴장을 했는지 줄에서 공을 받지 못하고 떨어뜨리는 실수를 했다. 다시 시작한 아이에게 성공하겠지 하는 마음으로 모두들 조용히 지켜보았다. 또 실패한 아이는 당황하여 허둥대고 있었다.

그때, 관중석에서 박수소리가 터져 나왔다. 누가 먼저랄 것도 없이 나온 "다시해 다시해"의 함성은 공연장을 길게 울리고 있었다. 의외라는 표정으로 몇 번씩 인사를 했다. 그리고는 관중석이 고요 속에 빠져 들었다. 숨조차도 멎은 것만 같은데 그 소녀가 사뿐히 줄 위에 공을 받자 더 큰 박수가 퍼졌다. 거기서 받은 감동이 잊혀지지 않고 내 안에 살고 있는 것이다.

5년이란 세월이 흐른 지금도 감관 속에 공명되어 숨을 쉬고 은은하게 소리내고 있다. 그 소리는 표지판 앞에서 자책의 소리가 되고 있다. 인생이란 연극에서 주인공인 아들이 실수를 했다. 잘못 치룬 시험이라는 첫 번째 실패를 관객인 나는 질타만 하고 있다. 아들에게 꼭 쳐 주었어야 할 격려의 박수를 까맣게 잊은 채 내 욕심에 벽이 무너진 게 아프다고 법석을 떨었다. 이런 나를 지켜보는 아들이 몇 배 더 힘들 거라는 것을 이기심에 가려 마음의 눈이 멀어 보지 못했다. 남들이 공부 잘한다고 아들을 칭찬할 때마다 켜켜이 두께만 높였던 자만이 이리도 모진 엄마가 되었음을 이제야 안다.

다시 시작해야 할지도 모르는 아들. 지겨운 겨울을 보내고 봄을 기다린 후에 오는 꽃샘추위이기에 더 혹독한 시련이 될지도 모르는 아들이다. 제 모습에 실망해하는 나 때문에 많이 주눅이 들어있는 그에게로 돌아가는 길은 급하고 멀기만 하다.

멀리서 집이 보이기 시작한다. 거기에 아들이 있다. 내 기도의 시작이며 끝이기도 한 아들이 있다. 그곳으로 내달음치는 나의 얼굴위로 해일 같은 눈물이 쏟아지고 있다.

(2008. 11.)

# 감나무의 봄

며칠 사이에 밖은 온통 꽃물결이다. 봉우리를 열려다 갑자기 찾아온 꽃샘추위에 잎을 살짝 닫고 주춤함도 잠시, 가픈 숨을 몰아쉬더니 일제히 벙글기 시작한다.

여기저기서 겨울을 이겨내고 자신의 건재함을 알린다. 꽃은 꽃을 피워, 나무는 나무대로 잎을 틔워서 서로 제 모습을 드러내느라 아우성이다. 나목이 안으로 저렇게 고운 꽃을 준비하고 있었는지 나는 가끔 놀란다. 침묵하고 있던 나무가 봄이면 어김없이 잎으로, 꽃으로 존재를 확인하는 생명력이 경이롭다.

나무는 알아서 계절을 감지하고 대처하는 지혜를 가지고 있다. 잎을 틔울 때를 알고 꽃을 피울 때를 안다. 또한 겨울을 견디기 위해 스스로 잎을 떨굴 줄도 아는 것이다. 이렇듯 나무는 나에게는 경전이다. 현명한 삶을 보여주는 말씀이다.

봄이라고 야단인 우리 집의 정원에 묵묵히 서있는 나목 한그루가 있다. 감나무이다. 자세히 들여다보아도 잎눈은 찾아볼 수가 없다. 고운 자태를 내세우며 법석인 꽃들을 지긋이 내려다보고만 있다. 아직도 겨울을 보내듯이 침묵하고 있는 것이다. 이제서 잎을 위한 탈피를 하고 있을 뿐이다. 다른 것들이 잎이 푸르러서야, 꽃들이 꽃을 피우고 진 다음에야 그제서 잎눈을 연다고 하니 지켜볼 일이다.

봄에 들떠 있는 이들이 있다. 올해에 대학생이 된 아들또래의 아이들이다. 내 눈에는 한껏 자유를 즐기며 웃는 모습이 피어나는 꽃처럼 보인다. 하지 말라는 것이 더 많았던 억압에서 풀려나 맘껏 해 볼 수도 있고 꽉 짜여진 시간의 굴레를 벗어난 자유가 그들의 얼굴에 묻어난다. 평화를 찾은 얼굴이라고나 할까. 엠티에 미팅에 새로운 단어에 마냥 설레는 표정은 무겁던 외투를 벗어버린 듯 가벼워 보이기만 하다.

그러나 아들은 아직도 봄이 온줄 모르는 감나무다. 새롭게 찾아온 자유에 들떠있는 그들을 무심하게 바라만 보아야하는 감나무다. 여전히 시간에 억압되어 있다. 아침이면 제 시간에 책상에 앉아야 하고 밤늦게까지 책을 들여다보아야 한다. 피곤하다고 쉴 수도 없고 아프다고 게으름을 피울 엄두도 못내는 재수생인 것이다.

아들이 원하는 대학에 실패하여 우리는 서울에 있는 학원을 보내기로 결정했다. 낮에도 코를 베어 간다는 서울에 보낼 생각을 하니 걸리는 게 너무 많았다. 아들을 유혹할지도 모르는 밤의 현란한 간판들과 고삐 풀린 자유로 인한 낯선 것들에 대한 호기심의 현혹. 별게 다 걱정이었다. 그래서 난 24시간을 계획표에 맞추는 시외의 기숙학원을 고집했다. 아들은 고등학교 3년을 기숙사에서 지내서인지 싫다며 시내에 있는 학원을 주장했다.

그렇게 아들의 뜻대로 보내게 된 강남이다. 공부 꽤나 한다는 아이들과 치열하게 경쟁해야 하는 학원에 밀어 넣고 오는 내내 목이 메었다. 한사람만 간신이 들어갈 수 있는 고시원의 그 좁은 평수에 아들을 남겨놓고 오며 내 마음도 거기에 가두고 온 채였다. 마음껏 웃을 자유도 꽃의 아름다움을 즐길 여유도 함께 말이다.

나는 우리 집 감나무를 보면서 염려스러운 마음이다. 황량한 가지에 잎을 틔우고 꽃을 피워낼 수 있을지 걱정이 앞선다. 그러나 한편으론 기대도 걸어본다. '아니야, 조금 늦게 시작할 뿐이야. 때가 되면 탐스러운 잎과 노란 연두의 꽃도 피울 테지. 감꽃의 축복으로 꽃자리에 감도 열리리라. 온전한 감이 되기 위하여 찬 서리도 감내할 줄 아는 나무인거야. 너는 그런 나무인거야. 지금, 너는 분명 찬란한 봄을 준비하고 있는 것일 거야.'

(2009. 4.)

# 그림자를 사진에 담다

나는 운동장을 걷고 있다. 퇴근해서 운동을 나서면 해는 모습을 감춘 뒤다. 귀에는 mp3 이어폰을 꽂고 세상의 소리와 차단한 채 잰 걸음으로 걷는다. 하루 중 음악을 들을 수 있는 유일한 시간이기도 하다. 아들이 군대 간 뒤로 mp3는 내 차지가 되었다.

음악은 아들 취향이다. 기계치인 내가 다시 녹음하는 것도 번거로워서 그냥 듣는다. 발라드가 흐르는가 하면 록(rock)이 정신을 쏙 빼놓는다. 어쩌다 랩이 나오면 발걸음의 리듬이 깨지기도 하지만 감미로운 멜로디에 오늘을 정리하게 되고 경쾌한 음악은 내일을 희망으로 꿈꾸게 한다.

더러는 내 앞을 가로지르며 뛰어가는 사람들이 있다. 옆을 지나며 숨소리가 턱에 찬다. 몇 바퀴 돌고는 멈추어 서서 격하게 숨을 몰아쉬고 있다. 분명 그들은 나보다 빨리 운동장을 돌았고 운동량도 훨씬 많다. 그러나 나는 무리하게 뛰고 싶지 않다. 운동을 다 마친 뒤에도 그대로의 호흡을 깨지 않는 걷기가 내게는 제격이다.

나는 인생도 이처럼 살고 싶다. 빨리 가려 뛰지도 않고 느리게 기어가지도 않는 그런 속도로 살고 싶다. 달리려면 옆을 쳐다 볼 여유도 없이, 뒤를 살펴볼 새도 없이 앞만 보고 가야 한다. 나는 그런 치열함이 싫다. 가끔은 한눈파는 것을 즐기는 나이고 싶다. 계절이 선사하는 매혹적인 유혹에 빠져드는 것도 기분 좋은 일이다.

오늘따라 혼자가 아니다. 내 옆에서 나란히 걷고 있는 그림자가 유난히 눈에 들어온다. 불빛이 무심코 지나쳤던 그림자의 모양을 바꿔 마술인양 흥미롭기까지 하다. 왼쪽에서 하나가 따라오더니 다시 오른쪽으로 방향을 바꾸기도 하고 단상 쪽으로 가면서 네 개의 내가 되었다. 나의 그림자가 이렇게 많이 생기는 건 놀라운 일이다. 운동하는 내내 모습을 바꿔가면서도 여전히 나를 따라 다니고 있다.

한 사람이 있었다. 그의 곁에는 매일 지켜주는 그림자가 있었다. 둘은 각별한 사이가 되어 서로를 위해 주었다. 그가 그림자에게만 잘해주는 것이 심통 난 바람이 말한다. 그림자는 당신이 기쁘고 밝은 날만 있지 슬프고 어두울 때는 당신 곁에 있지 않는다고 말전주를 한다. 생각해 보니 바람의 말이 맞는 것 같았다. 그 사람은 바람의 말에 흔들려 그림자를 떠나보내고 바람과 다정하게 지냈다.

그것도 잠시, 바람은 머물지 않고 스쳐만 갈뿐이었다. 그제서야 떠나간 그림자를 그리워하게 된다. 그때 그림자가 다시 나타났다. 난 당신 곁에 항상 머물러 있었노라고 이야기 한다. 힘들고 괴롭고 어두운 날에는 당신 안에 들어가 있었다고. 너무 가까워서 볼 수가 없었던 것이라고 말한다.

심리학자인 '융'은 그림자를 무의식속에 있는 나라고 했다. 그림자의 발견이 내가 내 마음의 주인이 될 수 있는 보석을 발견하는 것과 같다는 것이다. 그것을 볼 줄 알고 다스리는 일은 자신을 성숙시키고 삶의 영토를 기름지게 해 준다는 것이다. 요즘 흔한 우울증과 같은 정신질환들이 스스로 그림자를 잘 들여다보지 않았기 때문에 생기는 병이라고 한다.

그림자를 일부러 찾아다니는 이들도 있다. 빛만을 고집하는 사진작가들이다. 정작 그들은 빛을 찍으러 다니지만 빛을 쫓아다니는 게 아니라 그림자를 찾아다닌다. 그림자를 볼 줄 알아야 빛을 느껴 좋은 사진을 찍을 수 있다는 것이다. 사진은 빛으로 그리는 그림이라고 한다. 사진을 잘 찍으려면 그림자를 기술적으로 담아내야 한다는 뜻이다.

나는 사진에는 문외한이다. 내가 찍은 사진을 보면 한쪽으로 쏠려 있거나 한 면이 잘라져서 엉망이다. 초점도 맞지 않고 대칭도 시원치 않은 초보수준의 실력을 갖고 있다. 눈에 보이는 피사체만 찍으려고 했으니 당연한 결과다. 지금껏, 겉으로 보이는 것만을 사진에 담기에 바빴다. 이제라도 그림자가 내 눈에 보인 것만으로도 얼마나 다행한 일인지. 이제 그것을 인생이라는 작품에 잘 담아낼 일만 남았다. 사진작가나 나, 둘에게 그림자는 여전히 어려운 화두다.

군대에 가 있는 아들은 거기서 생과 사의 한계를 느꼈다고 했다. 살면서 어디에서도 할 수 없는 귀한 체험이듯이 내게 오늘의 그림자는 소중한 경험으로 남는다.

(2011. 8.)

# 강사와 교습생

마침내, 하늘이 보인다. 운전석의 시야가 안개 걷히듯 트이고 눈부신 햇빛너머로 말간 하늘이 있다.

운전 초보생인 나는 바로 앞에만 보고 달리느라 곁눈질을 할 사이가 없었다. 옆을 살피고 멀리 보면서 운전을 하라는 강사의 말은 뒷전이다. 입은 꾹 다물고 두 손은 운전대에 힘을 주어 고정시킨 채 마치 전쟁터에 나가는 장수처럼 비장한 얼굴을 하고 있다.

운전면허를 따는 일은 오랫동안 미루어 오던 숙제였다. 경제적인 여유와 시간이 없다는 핑계를 대면서 지금까지 시간을 끌어왔다. 그러나 진짜 이유는 겁이 많아 엄두를 못 내고 있었던 것이다. 항상 체증처럼 남아 나를 들볶더니 더 이상 버틸 수 없는 상황이 왔다.

내가 다니는 직장은 버스가 이따금 다닌다. 버스시간이 출.퇴근 시간과 전혀 맞지 않아 아침에는 남편이 태워다주고 끝나면 동료와 카풀을 했다. 동료의 사정으로 동행에 지장이 생겨 퇴근길이 막막해진 나는 특단의 조치가 필요하게 되었다.

그이는 서둘러 나를 운전면허학원에 등록시켰다. '그녀의 면허 따기 프로젝트'가 시작되었다. 퇴근 후 꼼짝없이 호랑이강사인 그이에게 도로로 끌려 나갔다. 밤길을 4시간이나 차를 끌고 다니다보면 어깨는 굳어오고 머리에서도 쥐가 났다. 조금만 중앙선을 벗어나면 조수석에서 질책이 쏟아지고 불호령이 내려졌다. 때때로 강도가 센 벼락이 떨어지면 그녀의 감정도 속에서 번개로 튄다. '때려 치워. 당신한테 더러워서 안 배워' 금방이라도 튀어 나올 것 같은걸 꾹꾹 눌러 삼켜야 했다.

끓어오르는 화를 속으로 참으며 정신을 전부 곤두세워서 일까. 길가에 차를 대고 토하는 일이 자주 생겼다. 그런 그녀가 안쓰럽던지 강사는 말없이 등을 두들겨 주고는 진정이 되기도 전에 갈 길을 서두른다. 인정사정없이 교습시간을 채우고서야 집으로 가라고 명한다. 그 명령이 떨어지자마자 고분이 따르는 그녀는 순한 교습생이다.

이렇게 강행하는 데는 이틀에 걸쳐 구간을 주행연습한 후 시험을 보니 이 실력으로는 도저히 합격을 못하기 때문이었다. 짧은 기간 안에 운전을 가르치려니 다그치는 건 당연한 일이다. 나 또한 발등에 떨어진 일이어서 감수하여야 했다. 직장에 매여 시간이 없는 나로서는 처절하게 매달리지 않고는 다른 방법이 없는 것이었다.

그이의 교습 덕분에 일주일 만에 면허증을 내손에 쥐었다. 그이가 무섭게 채근한 속전속결의 결과였다. 그러니 운전을 제대로 할 턱이 없었다. 이게 끝이 아니었다. 본격적인 강사의 혹독한 교습은 이제부터였다.

면허증을 따기도 전에 아반떼를 사 놓더니 퇴근하기가 무섭게 그녀를 운전석으로 몰았다. 이때만 되면 부드러운 말투는 어디로 가고 목청이 높아졌다. 운전이 서툴러 좌회전이 문제였다. 겁부터 덜컥 나서 자신감 없이 망설이다보면 그이는 이미 내게 비수를 꽂는다.

"생각 좀 하고 운전해. 무슨 생각을 가지고 운전하냐. 뇌는 달고 다니는 거냐?”

‘그래, 너 잘났다. 운전 좀 할 줄 안다고 잘난 척이야. 내가 잘 하면 너한테 배우겠냐’

소리죽인 고함으로 소심한 복수를 했다. 뇌 없는 사람이라는 소리를 들어가며 계속 배워야 하는지 구차하기까지 했다. 운전 교습 동안은 그이가 아무리 불호령을 해도 얌전한 고양이 앞의 쥐 신세였다. 쥐는 다 배우고 보자며 안으로 날카로운 날을 세우는 것이었다.

부부사이엔 운전은 배울 게 못된다고 한다. 대부분이 감정이 악화되어 싸움으로 이어지기 때문이다. 그이가 나의 운전 강사라고 하니까 사람들은 둘 다 대단하다고 한다. 어떻게 그 폭발하는 감정들을 참고 배울 수가 있느냐고.

내가 그 대단한 걸 참고하는 이유가 있다. 학원의 강사에게 도로주행을 받으려면 비용이 만만치 않다. 시간도 정해져 있어서 맞출 수도 없는 처지에 옆에 무보수의 강사가 대기 중인데 선택의 여지가 없었다. 다른 누가 나의 운전을 가르쳐줄 이가 아무도 없기에 말이다.

드디어 지옥 같은 교습이 끝나고 운전자로 홀로 섰다. 보름 동안의 맹훈련을 마치고 운전석에 혼자가 되었다. 옆에서 잔소리도 없고 조용한 실내가 나를 긴장시켜 처음으로 차를 몰고 나온 날보다도 더 떨렸다. 그이는 보내면서도 안심이 되질 않는지 도착하면 전화하라고 누누이 당부했다. 퇴근해서도 잘 왔다는 보고를 해야 했다. 마치 젖 먹던 아이 떼놓은 듯 허전하다고 한다. 그도 그럴 것이 올해로 20년이 되는 나의 출근길을 매일 습관처럼 해오던 일을 한순간에 손을 놓았으니 말이다.

혼자서 운전한지 한 달이 지난 오늘, 하늘을 보고 반가워서야 그이의 마음을 읽어내는 촉수가 돋는다. 뿌연 안개가 걷힌 하늘에 그이의 마음을 뭉게구름으로 불러온다. 더 안전하고 확실하게 가르치려 내게 꽂았던 비수가 나의 이기심에 지독한 자책이 되어 마음을 사정없이 찌른다. 운동신경이 둔한 나를 이만큼 운전할 수 있게 만든 건 놀라운 일이다. 이렇게 되기까지 그이의 속은 터지고도 남았을 것이다.

평소 부부싸움에서 참는 건 늘 내 몫이었다. 이번만큼은 바뀐 것 같다. 운전을 잘 할 때까지 포기하지 않았다는 것만으로도 엄청난 참을성이다. 지금껏 보아온 최대의 인내심인 듯하다. 한참 늦은 지금 그걸 알다니. 여태껏 그이에게 말로 못한 고마움이 매지구름 되어 온통 나를 덮는다.

늘 그이보다 한 발짝 굼뜬 교습생은 오늘도 보고를 한다. 사무실에 잘 도착했다는 말 대신 오늘은 색다른 문자가 그이에게 배달될 예정이다.

"고맙습니다. 호랭이 강사님. 당신의 교습은 최고였습니다.
하트뿅뿅"

(2012. 2.)

# 엄마의 집

엄마가 나를 보고 잘 가라고 손을 흔들어 준다. 돌아서지 못하고 주춤거리는 나를 향해 얼른 가라고 손사래를 젓는다. 배가 고플테니 집에 가서 얼른 밥을 먹으라며 자꾸만 내쫓는다.

병원에서 집에 데려가 달라고 밤새 떼를 쓰는 바람에 한숨도 못자고 출근을 했었다. 그런 엄마가 이제 포기를 한 것일까. 퇴근하다 들른 나를 웬일인지 붙잡고 매달리지도 않는다. 또 집으로 가자고 억지를 쓰면 어쩌나하며 마음 졸이고 왔건만 전혀 뜻밖의 상황이다. 다행이지 하면서도 내 마음은 연민으로 흠뻑 젖고 있다.

지금 나는 요양원에 와 있다. 보름 만에 엄마가 이리로 새로 이사를 오게 되었다. 먼저 간 곳에서 크고 시설이 좋다하여 모신지 열흘이 되어 병이 나셨다. 며칠간 열이 떨어지지 않아 병원으로 옮겼다는 것이었다. 큰일이 벌어지나 싶어 잔뜩 겁을 집어먹고 병원에 갔다. 엄마는 미동이 없었다. 초점 없는 눈으로 나만 바라볼 뿐 말 할 힘도 없어 보였다.

처음 요양원에 가는 날, 엄마는 옷장에서 옷을 꺼내 가방에 챙기는 나를 아무 말없이 지켜보고 계셨다. 바지를 입히고 외투를 입히자 무슨 눈치를 채셨는지 그렁그렁한 눈으로 어디 가느냐고 물으셨다. 순간 꾹꾹 억눌러 참아왔던 눈물이 터져버렸다. 나로 시작된 울음은 집안 전체로 번져 울음바다가 되었다. 안그래도 모두가 요양원에 모시는 게 죄스러워 침울했는데 참고 있던 울음보가 와락 터져버린 것이었다.

나는 독한 딸이었다. 병원에 가시는 거라고 거짓말을 했다. 치료를 잘 받아 건강해지면 오빠네 집으로 오실 거라고 했다. 이제 다시는 오지 못할 거라는 걸 알면서 터무니없이 둘러댔다. 아마도 엄마는 이때 짐작을 했을 것이었다. 더 이상 자식들에게 짐이라는 걸 알고 순순히 따라 나섰던 것 같다.

엄마는 요양원에 도착하자 고단해서인지 주무셨다. 어쩌면 우리들의 마음을 편하게 해주려고 눈을 감고 있는지도 모를 일이었다. 그 틈을 타서 깨실까봐 조용히 자리를 일어섰다. 혹여 잠에서 깨어 모르는 사람들만 있어서 얼마나 당황해 할까. 얼마나 불안하고 무서울까. 고집도 세고 자존심도 강한 만큼 낯선 환경을 받아들이기가 힘들었을 것이다. 혹독한 고통이었을 것이었다.

입원하면서 링거를 꼽고 영양제에 수혈까지 한꺼번에 몇 개의 수액이 수관을 타고 엄마의 혈관으로 들어갔다. 신기한 주사였다. 기운이 나게 하고 정신을 맑게 하는 신통한 주사제였다. 내가 간호하던 날은 주무시지도 않고 집에 간다고 하는 바람에 애를 먹였다. 걷지도 못하면서 일어선다고 수혈중인 주사기를 뽑아 피천지를 만들어 나를 놀라게 하기도 했다. 그래도 딸이어서인지 내가 편했나 보았다. 올케 앞에선 얌전히 잠만 주무셨다니 나에게 응석을 부렸는가 보았다. 어쩌면 엄마는 며느리에겐 어려워 못하고 당신의 심중을 나에게 호소하고 싶었는지도 모르겠다.

그런 엄마의 마음을 알면서도 나는 무시할 수밖에 없어 불효를 다시 저지르고 있다. 거동을 못하시니 지금껏 모시던 올케에게 더 모시라는 건 무리다. 또 내가 모실 처지도 아니다. 인지가 없는 어른이면 본인이 덜 힘들텐데 멀쩡한 분이니 받아들이기가 싫었을 것이었다.

병원에 입원해 있는 동안 규모가 작은 요양원이 좋겠다는 생각이 들었다. 퇴원하면서 새로운 곳으로 옮기게 되어 나는 하루 지나서야 와 보게 되었다. 정원이 예쁘게 꾸미어진 아담한 집이다. 엄마와 비슷한 처지의 또 다른 어머니들이 아홉 분이 계신다. 같은 아픔을 가진 동지다. 꼭 가족 같다.

서붓 방으로 들어서는 나를 엄마는 눈빛으로 맞아주신다. 집처럼 편해 보인다. 홀로 사시는 노인들에게도 자식들은 그저 손님이다. 명절이나 특별한 날에 잠깐씩 왔다 갈뿐 자주 드나들지 않는다. 나름대로 바쁜 자식들의 일과에는 부모에게 할애할 시간은 별로 없다.

그분들도 외롭기는 마찬가지다. 그래도 이곳엔 본인과 닮은 친구들일수도 있고 한솥밥을 먹는 식구이기도 한 사람들과 함께 있으니 서로가 의지가 되지 않을까하고 나는 염치없이 바래본다. 그래서 여기가 마음에서 엄마의 집이 되었으면 좋겠다. 어차피 더듬더듬 왔다가는 자식들은 누구에게나 손님이지 않은가. 나만해도 건강했을 때보다 더 자주 들여다보니 더 낫지 않느냐는 내 좋을 대로의 생각을 엄마에게 마구 설득하고 싶어진다.

이제, 엄마는 다 내려놓으시고 편안해 보인다. 자식들에게 희생하며 다 내어주고 인생을 한 바퀴 돌아와 쇠잔해진 노구로 다시 아기가 되어있었다. 기저귀를 차고 죽을 떠먹이면 예쁘게 받아먹고 누워만 있는 갓난아이의 모습이 되어 있었다.

노인들이 해맑갛다. 미움도 모르고 욕심도 다 잊은 티 없는 얼굴이다. 보육원에만 천사들이 있는 게 아니었다. 여기에도 천사가 있었다. 평생 나를 바라보며 애끓던 천사께서 잘 가라고 손을 흔든다. 지금껏 체기처럼 걸려있던 응어리가 녹아내리고 있다. 나는 그 천사에게 당신의 마음을 무섭게 모른 척 해버린 못된 딸의 용서를 구하는 것이다.

현관에 붙어있는 '입춘대길'의 이른 입춘첩立春帖에 달빛이 스며든다.

(2016. 1.)

# 님의 침묵

개울 건너에 매화가 온통 붉게 피어 있습니다. 감탄이 절로 나오는 풍경에 둘이는 그 꽃들을 넋을 놓고 바라보았습니다. 마치 꽃물로 물들인 호수를 그린 그림 같았습니다.

엄마는 "와 꽃이 참 곱다" 하시며 그 꽃을 꺾으러 가신다고 개울로 내려갑니다. 나는 붙들어 말렸지만 살며시 뿌리치고 물을 건너갑니다. 밭에 이르러 나를 돌아보며 엄마는 들어가라는 손사래를 칩니다. 이윽고 뒤돌아선 엄마 앞에 꽃길이 펼쳐지더니 그 길로 사라지셨습니다. 나는 점점 작아져서 점이 되어 꽃숲으로 없어질 때까지 하염없이 바라만보고 있었습니다. 엄마를 부를 생각도 않고 왜 지켜보고 있었는지 모릅니다. 그때, 알람소리가 들려왔습니다. 꿈이었습니다.

왠지 하루 종일 그 꿈이 마음에 매달립니다. 잠에서 깬 나는 깨기 싫은 꿈을 꾸다가 방해받은 것처럼 긴 꼬리의 여운이 남았습니다. 일터에서 집으로 돌아오는 길에 요양원에 들러 엄마를 뵈었습니다. 엄마가 이 곳에 계신지 막 일 년을 넘기고 있습니다.

이날, 나는 처음으로 엄마의 얼굴이 박꽃을 닮았다고 생각했습니다. 불빛에 비친 엄마는 달빛이 박꽃위로 내릴 때처럼 눈부셨습니다. 여느 때보다도 더 환하게 미소를 띠며 잘 가라고 눈배웅을 해주는데 나는 마음이 왜 그렇게 착잡하게 가라앉던지요. 간신히 마음을 끌고 집에 왔습니다.

나를 미소로 보낸 엄마는 5일 만에 하늘나라로 가셨습니다. 나와 아프지 않게 이별을 하려고 그렇게 웃어주셨나 봅니다. 이제, 손이 차다며 내 손을 잡아주던 엄마를 볼 수가 없습니다. 엄마하고 아무리 크게 불러도 대답이 없습니다. 엄마는 쭈욱 침묵중입니다.

93세 노인의 장례는 호상好喪이라며 슬퍼하는 이가 별로 없습니다. 보고 싶어도 다시는 엄마를 보지 못한다는 사실이 나를 오열하게 했습니다. 마지막 가시는 길에 엄마께 고별사를 올립니다.

'한량인 지아비를 만나 혼자서 사남매를 키워내느라 고생 많으셨습니다. 그곳에서는 고단한 마음을 내려놓고 편안히 쉬시옵소서.'

한 여자로서의 희생한 삶이 짠하게 전해집니다.

엄마는 요양원에서도 날마다 새벽기도를 드렸다고 합니다. 독실한 불교신자는 아니었으나 자식사랑 만큼은 신앙이다시피 한분이었습니다. 아마도 늘 똑같은 기도를 올렸을 테지요. 아들들을 축원하고 하나인 막내딸이 긴 시간을 차지했으리라 짐작됩니다. 나는 엄마에게 늦게까지 아픈 손가락이었으니까요.

삼우제를 끝낸 다음날은 눈이 흠뻑 내렸습니다. 지인들은 엄마가 좋은 일만 만들어주실 좋은 징조라고 합니다. 눈을 감아서까지 놓지 못하는 자식들을 위하는 엄마의 대단한 사랑일 듯 합니다.

"님은 갔습니다. 아아 사랑하는 나의 님은 갔습니다.

푸른 산빛을 깨치고 단풍나무 숲을 향하야 난 적은 길을 걸어서 참아 떨치고 갔습니다."

님의 침묵이라는 한용운님의 시가 엄마가 가신 날로부터 지금까지도 나를 떠나지 않습니다. 귓가에 맴돌기도 하고 눈앞을 아른거리기도 합니다. 시의 배경에는 언제나 엄마가 환하게 웃고 있습니다.

'아아 사랑하는 나의 님은 갔습니다. 매화나무 숲을 향하여 난 좁은 꽃길을 걸어서 차마 떨치고 갔습니다.'

(2017. 2.)

# 관계의 온도

토막잠이 몰려오는 오후다. 거실로 들어온 한겨울의 햇살이 소파에 노곤함을 풀어놓는다. 거기에 나도 피곤을 쏟아 놓는다. 오랜만에 맛보는 혼자만의 여유가 꿀맛 같다.

졸음을 쫓기 위해 찻물을 준비한다. 차를 맛있게 마시는 법은 온도를 잘 맞추는 것이라고 한다. 차의 성향에 따라 홍차와 녹차가 다르다. 차마다 약간씩 차이가 나는데 대부분의 차를 끓이는 적당한 온도는 80도라고 한다. 그래야 잘 우러나 향이 좋은 차가 된다는 것이다.

물이 끓는다. 차를 준비하는 번거로움이 싫어 잎차는 즐기지 않는 편이다. 그 과정이 즐거움이라는 이들도 있다. 제대로 차를 아는 사람들이다. 컵에 봉지커피를 털어 넣고 잘 저어준다. 커피를 마시면서 어디 차에만 적당한 온도가 필요하랴 싶다.

사람과 사람사이에도 온도가 있다. 사람과의 관계에서 적당한 온도는 몇 도일까. 친구, 이웃, 동료, 가족과의 사이에도 온도계의 도수는 제각각 수치가 다를 터이다. 가장 좋은 관계는 난로를 대하듯 하라고 한다. 너무 덥지도, 뜨겁지도 않은 관계를 유지하는 것이 오래도록 인연을 이어가는 방법이라고 말한다. 온도의 차이를 잘 조절하려면 거리의 유지가 필요한 법이다. 매우 가깝지도 멀지도 않은 사이는 몇 도쯤일까 생각해본다. 도무지 가늠이 되질 않는다.

얼음이 얼기 시작하는 온도가 0℃, 화상을 입는 온도는 40℃다. 사람과의 온도는 그 사이지 싶다. 어떤 관계냐에 따라 0℃에 가까운 사람이 있고 40℃에 가까울 수도 있다. 주위에 가까이 지내며 허물없이 지내는 이들이 나는 부럽다. 둘도 없이 친하게 지내던 이들이 더없이 멀어진 경우도 보았다.

가까운 시형제가 남보다 더 못하게 되었다. 사소한 오해 때문에 깊어진 골이 시간이 흐르면서 깊게 패였다. 처음에는 자존심을 내세워 분노하고 화를 내더니 지금은 무감각해져 서로가 빙점에 서 있다. 얼음이 얼기도, 녹기도 하는 온도다. 그래도 나는 빙점이 얼기보다는 녹기를 기다리는 사람 중의 하나다. 조금만 훈풍이 불어도 데워질 우애임을 알기 때문이다.

사랑의 마법에 걸릴 때는 난로가 뜨거운지도 모른다. 때로는 화상을 입기도 한다. 덴 살이 욱신거리고 아프고 나서야 비로소 알아지는 진실한 사랑이다. 화상의 상처가 잘 아물면 귀한 인연이 되고 곪은 채로 덧나면 상대를 바라보는 눈빛이 식게 된다. 장점이 단점으로 변하고 추억이 잊고 싶은 기억으로 남는다.

지금껏 살아오면서 사람과의 온도를 맞추는 게 제일 어렵다. 가장 친한 친구의 이름이 생각나질 않고 마음을 나눌 수 있는 지인도 머리에 떠오르지 않는다. 쉽사리 친해지지도 못하고 멀어지기는 더 어려운 나다. 친구와의 온도는 중간쯤이 좋을 듯싶다. 은은한 온기가 전해지는 거리를 둔 난로 같으면 좋겠다.

그이와 나는 36.5℃가 아닐까. 한 집에서 같은 밥을 먹고 잠을 자니 서로 체온을 지탱하지 않을까 해서다. 다툼으로 해서 금방 식어버리는 보일러 같은 나는 온도조절을 잘 하는 그이

덕분에 유지가 되는 듯하다.

화상을 입기까지는 3.5℃의 간격이 있다. 40℃는 내 생애 딱 한 번 달아올랐던 온도이리라. 살면서 식어버린 도수지만 그 수치가 지금껏 버텨온 우리부부의 온도였지 않았을까. 힘들어도 참아내고 아파도 견뎌낼 수 있었던 가족의 온도였을 것이다. 그리고 삶이 끝나는 날까지 이끌어줄 나의 온도일 것이다.

(2018. 1.)

# 우화의 날개

나와 타협을 한다. 가지가지를 쏟아내는 핑계는 달달하여 유혹에 끔뻑 넘어간다. 그렇게 운동을 안 한지 일주일이다. 몸이 찌뿌드드하여 마음을 다잡고 음성천에 나갔다. 걷고 있는 머리위로 잠자리가 무리 춤을 추며 지나간다. 물고기가 물속을 유영하듯 비행기 날개를 하고 날아올라 소라색 하늘에 콕콕 박힌다. 그림이 된다. 잠자리에 뺏긴 시선은 발걸음을 엉키게 해 넘어질 뻔했다.

숲에 풀잠자리가 보인다. 어려서 실잠자리라고 부르던 명주잠자리다. 나풀거리는 투명한 날개가 명주 같다고 하여 붙여진 이름이다. 작고 가녀린 몸체로 하천가에 수풀을 오간다. 이토록 고운 날개를 가진 녀석의 유충이 이름도 무시무시한 개미귀신이라고 한다. 도무지 상상이 되지 않는다.

개미귀신은 모래밭에 고깔모양의 함정을 파고 먹이를 기다린다. 한번 빠지면 절대로 헤어나지 못하는 이 구덩이를 개미지옥이라고 불린다. 이곳에 많이 걸려드는 먹잇감은 개미다. 밑바닥에서 빠져들기를 기다리고 있다가 톱날 같은 입으로 개미의 체액을 빨아먹는다. 이렇게 몸을 불려 성장하여 모래에 실을 뽑아내 고치를 만들고 여기에서 탈피한 번데기는 성충을 거쳐 몇 번의 탈바꿈으로 잠자리가 되는 것이다.

3년의 긴 시간을 소요하는 과정을 지나서야 비로소 변화된 모습으로 새로이 태어나는 삶이다. 번데기가 날개달린 나방으로의 화려한 변신. 우화羽化라고 한다. 나도 이처럼 우화하고 싶을 때가 있다. 외모는 환하게 빛나고 당당하여 유쾌한 사람이었으면 좋겠다. 붙임성이 많아서 주위에 나를 좋아해주는 사람들이 넘쳤으면 한다. 지금의 모습에서 탈피하여 멋진 나로 바뀌고 싶다.

며칠 전, 운동하는 길에 그녀를 우연히 만났다. 상부喪夫한지 몇 개월 되지 않은 아픔을 위로하려고 먼저 말을 꺼냈다. 나를 건너다보는 얼굴에 흐린 미소를 짓고 있었다. 무어라 말을 잃은 둘 사이에 한참 침묵이 흘렀다. 망설이던 그녀의 입이 열렸다.

"나, 지금이 싫지 않다. 그이에게 무시당하면서 살았어. 사람 취급도 안했지. 이제 살맛이 나서 좋아. 나, 참 나쁘지" 이렇게 말을 하는 눈에 눈물이 차였다. 그녀는 분명 우화를 꿈꾸고 있는 듯 보였다.

주위의 누구도 이런 사실을 몰랐다. 어쩌다 본 둘의 모습은 보통의 부부였으니 속사정을 알 리가 없었다. 잉꼬는 아니어도 평범한 가정을 꾸리고 살아가는 사람들인 줄 알았다. 아이들을 잘 키워내고 경제적으로도 여유로운 화목한 가족으로만 알았기에 아무도 그녀의 불행을 눈치 채지 못한 것이다. 혼자가 된 이후에 훨씬 밝아진 그녀의 변화에 의아해했었다. 남편을 잃은 이에게 보내지는 동정이 싫어 초라하지 않기 위해 억지로 애쓰고 있는 줄로만 알았다. 이런 아픔이 있을 줄 누가 알았겠는가. 혼자서 들키지 않고 삭혔을 고통이 아픈 연민으로 온다.

그녀는 씩씩하다. 남편과 같이 하던 일을 접고 회사에 취직을 했다. 화사한 모습이 좋아 보이고 멋스럽다. 이제 스스로 즐길 줄 알아서 행복한 사람이 되어있다. 자신을 잃지 않고 제 길을 찾아가고 있다. 그 사람이 구속해왔던 그물을 벗고 그녀는 탈피중이다.

움츠렸던 어깨에 새살이 오르고 날개가 돋아나고 있다. "나는 나로 살고 싶다"는 그녀의 우화를 가만히 지켜보기로 했다. 우아한 날갯짓의 우화등선羽化登仙을 기대하는 것이다.

앞으로 그 날개로 훨훨 날아오르기를…….

(2018. 8.)

# 2

# 가을의 이유

## 2부. 가을의 이유

# 새벽빛 통신

우리 부부는 동갑내기다. 보는 것, 듣는 것, 생각하는 것이 비슷한 편한 사이다. 전혀 다른 게 있다면 음식에 대한 취향이다. 그이는 우리의 전통음식을 좋아하고 나는 양식을 좋아하는 편이다.

평소 친구 같은 그이도 말다툼이 시작되면 똑같이 나이 먹어가는 처지에 손위 행세를 하고 싶어 한다. 부부가 살면서 불협화음이 생기듯 우리도 가끔 부부싸움을 한다. 사소한 일로 시작된 말다툼은 언제나 눈덩이처럼 불려진다. 싸움 중엔 서로에게 잘 했던 게 하나도 없다. 그이는 내게 서운한것 투성이고 나는 그이에 대한 불만이 또 왜 그리도 많은지.

미리 대본을 준비한 사람들처럼 전혀 막힘이 없다. 실타래처럼 술술 풀어내는 말들. 언제 그리도 많이 차곡차곡 쌓아놓고 있었을까. 결혼 후 처음엔 팽팽히 맞섰다. 그럴 때마다 나이가 같아서 자신을 우습게 안다고 생각하는 것 같아 먼저 숙여 들어갔다. 또한 서로에게 상처를 얹어 주는 게 싫기도 해서다.

어젯밤에도 그랬다. 작은 일로 시작된 말다툼은 한바탕 언짢은 말들이 오갔고 언성은 높아졌다. 여기서 더 커지면 안 되겠다 싶어 마음에 내키지 않는 사과를 했다.

"미안해요. 내가 잘못했으니까 그만해요"

내 말이 끝나자마자 진심이냐고 따졌다. 마음에 없는 사과니 건성일수 밖에 없지만 그냥 받아주는 척 넘어갔으면 여기서 끝났을 텐데. 그러면 오히려 내가 미안해했을 텐데. 그이는 작정한 듯 몰아세웠다. 내가 잘못한 것도 없는데 다그치니 슬그머니 부아가 났다. 나도 맞섰다. 평소의 내 존대어는 잘라내고 말끝의 칼날을 빼들고 서로를 마구 찔러대었다.

손가孫家네 이가李家네 금이 그어지고 너니 내니 편이 나뉘어져 남이 되어가고 있었다. 급기야 하나인 아들까지도 반으로 나누고 있었던 것이다. 함께 한 10년의 세월이 침잠하고 있었다. 보이지 않는 유혈. 할퀴고 물어뜯긴 상처로 아려왔다.

참았던 눈물이 폭우로 내린다. 그칠 줄 모르고 내리던 비는 봇물로 터져 나를 쓰러뜨린다. 온몸을 지탱하던 힘이 다 빠져나가는 듯하다. 피부 속의 수분까지도 흘러나오는 듯하다.

얼마의 시간이 흘렀을까. 세상이 고요했다. 나의 설움을 외면한 채 그이마저도 잠들어 있었다. 밤 두시. 내안의 세포들이 일제히 일어나 나를 괴롭힌다.

'이렇게 살아서 무엇 하나. 서로에게 상처를 주면서까지 꼭 같이 살아야 하나' 누구나 부부싸움 끝에 헤어질 생각을 안 해본 이가 있으랴마는 나는 밤새워 별리의 성을 쌓았다.

새벽이 내방 창가에 닿는다. 잠에서 깨어나지 않은 우리 집의 고요를 전화벨이 깨운다. 몇 번 울리다 말겠지 기다려도 끈질기게 울어댄다. 전화기를 들었다.

"여보세요"

"외숙모, 왜 안 오세요"

이슬이다. 나는 무슨 죄를 짓다 들킨 사람처럼 외뜰 놀랐다. 시누이가 이사를 해서 집들이 초대로 다들 전날 갔고 우리는 아침 일찍 대전에 가기로 했던 것이다.

이슬이의 '외숙모' 라는 한마디에 밤새 쌓았던 그 성이 허물어지고 있었다. 나를 붙어 다니는 그 많은 인연의 끈들. 나무의 가지처럼 크고 작은 이 연緣의 가지들을 어떻게 끊어낼 것인가. 종종 꽃다발을 안겨주고 농담으로 웃겨주는 그이를 지울 용기도 키우지 못하고 잊을 만큼의 미움도 키우지 못했으면서…….

눈물이 볼을 타고 흐른다. 멀리 천주교회에서 새벽미사를 알리는 종소리가 들려오고 있었다.

(1999. 11.)

# 비익조比翼鳥

며칠을 벼른 부자夫子간의 낚시인지 모른다. 얼마 전부터 계획을 세워놓으면 비가 산통을 깼다. 주말이 가까워지면 일기예보에 귀를 기울였고 다행히도 이번 주는 비 소식이 없었다.

일요일 아침인 오늘에서야 낚시가방을 메고 부자가 나란히 집을 나선다. 그이는 어느새 자기 덩치만 해진 아들이 대견스러운지 시선을 자꾸만 옆으로 돌린다.

낚시터는 '해 뜨는 집' 에서 걸어 5분 거리에 있다. 무료하면 놀러오라는 말을 남긴 채 가는 그들을 떠나보낸 나는 한가롭다. 압축되었던 구속이 한꺼번에 풀리는 느낌이다. TV를 보다가 밖의 정원을 한 바퀴 돌아보고 책도 뒤적이면서 시간을 보내고 있자니 낚시터가 궁금해지는 것이다.

음료수를 챙겨서 낚시터로 향했다. 둘 다 손맛을 보지 못하고 낚싯대만 열심히 지켜보고 있었다. 낚시에는 재미가 없는 나로서는 이해가 안가는 취미생활이다. 가만히 앉아 물에 담궈진 낚싯대를 보고 있으니 물살 때문에 어지러워지고 기다리는 시간이 지루하기만 했다.

금방 싫증을 느껴 자리에서 일어나 집으로 돌아오는 길에 들꽃이 눈에 들어왔다. 흔히 보는 클로버를 닮았는데 잎이 더 크고 꽃도 보랏빛을 띠고 있다. 보는 것만으로는 모자라 꽃을 꺾었고 끝내 그 들꽃이 나를 붙들고 놓아주지 않아 아예 호미를 가져다 캐 왔다.

그것을 화분에 심고 꽃도 잘 꽂아서 집으로 들어가려는데 열쇠가 없는 것이었다. 내가 머물렀던 곳은 전부 찾아보고 왔던 길을 모두 찾아보아도 어디에도 없다. 몇 번을 되풀이 찾았는지 모른다. 한소리 할 그이가 떠올라 수없이 오가며 아무리 찾아보아도 아무데도 없는 것이었다.

사람들도 많이 오가는 길도 아니고 집이래야 세 채인 외딴터에 누가 주워갔을 리도 만무인데 보이질 않으니 기가 막힐 노릇이었다. 낚시터에서 여기까지 거리나 멀어야지 변명이라도 해볼 텐데 이 일을 어쩌면 좋을지 한참을 망설였다.

그러다 할 수 없이 그이에게로 가서 열쇠를 잃어버렸다고 하니까 어이없는 표정을 짓는다. 이어서 쏟아지는 면박들을 아무 말도 못하고 다 들어야 했다. 어디에 정신을 팔고 다니느냐, 무슨 생각을 했길래 열쇠를 잃어버려도 몰랐느냐.....

내가 멈추어 서서 머문 곳, 왔던 길을 앞서서 되짚어 갔고 그이는 뒤따라오면서 찾았다. 앉았던 자리의 풀도 헤집어보고 길을 샅샅이 뒤지며 오는데 그렇게 보이지 않던 열쇠가 내 눈에 들어오는 게 아닌가. 나 혼자 그렇게 찾을 때는 보이지 않더니 그이와 찾으니 보이는 것이었다. 하필이면 그이에게도 아닌 내 눈에 그것이 보이는 걸까.

"여보, 여기 있네요" 열쇠를 주워들어 보이니 또 핀잔이 이어진다. 열쇠를 놓고 꽃을 다듬으면서 그걸 잊은 거였다.

낚시터로 돌아가는 그이의 뒷모습위로 상상의 비익조比翼鳥 한 쌍이 날아가는 듯 보인다. 한쪽 눈만 가지고 태어난 새가 다른 한쪽의 눈을 가진 새를 만나 비상하고 있음이었다.

'그러니 어쩌겠습니까. 나는 그대가 한쪽의 눈과 날개가 되어 주어야 할 당신의 비익조인 것을'

(2004. 8.)

# 봄 한 그릇

봄은 놀이터에도 온유한 얼굴로 찾아왔다. 아이들의 떠드는 소리위로 햇살이 부드럽게 내려앉고 있다. 그 빛은 흙을 밀어내는 새싹의 고투를 시작하게하고 나무의 잎눈을 열게 한다.

지난 일요일에는 이 빛이 좋아서 방에 틀어박혀 있을 수가 없었다. 낮잠을 자는 그이를 일으켜 밖으로 데리고 나가자면 그럴듯한 이유가 있어야 했다. 그래서 생각해낸 것이 냉이였다. 보기와는 다르게 나물 뜯으러 가는 것을 좋아하는 그이다.

냉이를 캐러 가자는 내말에 서둘러 준비를 한다. 빵도 챙기고 음료수도 바구니에 담는다. 그러나 냉이는 핑계이고 정작 나의 속셈은 따로 있었다. 이 봄빛으로 하여 말라서 삭정이가 된 내 문학나무 가지에서 새로운 글촉을 세울 수 있지 않을까 하는 기대에서였다.

창밖은 봄인데 차안의 온도는 여름이었다. 무엇이 그리 급한지 그이는 점점 속도를 올렸다. 줄이라고 잔소리를 하고 싶었지만 왠지 들떠있는 기분을 상하게 하고 싶지 않아 나는 말을 도로 삼켰다. 그이는 마음을 졸이도록 한참을 달리더니 갑자기 속도를 줄이는 것이었다. 몸이 앞으로 쏠려 밖으로 튀어나가려는 자세가 되었다. 잠시 정신을 가다듬어 무슨 일인가 살펴보니 늦게서야 숨어있는 무인속도측정기를 발견한 것이었다. 우리 차의 바로 앞에서 카메라가 뻔히 쳐다보고 있었다. 놀란 마음을 눌러 가까스로 찍히지 않아 다행이라고 우리는 안도의 숨을 쉬었던 것이다. 간신이 그 눈을 속였다고 후련하기까지 했었다.

냉이는 눈이 좋지 않은 나에게는 잘 보이지 않았다. 아니 마음이 딴 데 가 있어서인지도 몰랐다. 나의 망막렌즈는 봄의 초록입김으로 바꾸어 놓은 자연의 모습을 놓칠세라 냉이는 안중에도 없었다. 그저 내 안의 화폭에 봄을 담기에 바빴던 거다.

나비의 긴 원무가 펼쳐진다. 그림을 그리는 것 같기도 하고 글씨를 쓰는 것 같기도 하다. 나비도 저만의 어떤 메시지를 전하고 싶었는지도 모른다. 한참을 유희하던 나비가 땅에 날개를 접는다. 날개 짓에 지쳤을 날개를 잠시나마 편히 쉬어가길 바라는 마음으로 나비에게서 멀리 물러선다.

꽃을 피워낸 꽃다지의 대열로 밭은 온통 노랗다. 허리를 구부리고 들여다보았다. 어쩌면 이리도 조그맣게 꽃을 피워 송아리를 이루고 있을까 신기하기까지 하다. 이 꽃을 보고 있으려니 신문에서 본 법정스님의 법문이 생각이 났다. 천지가 온통 꽃이지만 꽃구경만 하지 말고 나 자신은 어떤 꽃을 피우고 있는지 돌아보라는 것이었다.

이렇듯 작은 꽃들도 자신의 생을 최선을 다해 살고 있다. 피워야 할 때 피우고 져야 할 때 질줄 알고 겨울이면 뿌리만으로 살줄도 아는 저마다의 지혜도 가지고 있는 것이다. 꽃은 꽃대로 나무는 나무대로 나름대로의 주어진 삶을 열심히 살고 있었다. 나는 무슨 꽃을 피우고 있는지 나에게 물어보지만 답이 나오질 않는다. 여기저기 생각을 뒤적여 보아도 뾰족한 건 없다.

아까부터 왠지 답답했던 속은 더 불편해졌다. 속도를 낸 것에 대해 잘못을 인정하기보다 오히려 그 카메라를 속였다고 후련해했던 게 마음에 걸려 냉이 캐는 내내 나의 마음에선 텁텁한 모래바람이 일었다.

그날 저녁에 냉이도 못 캤다는 구박을 받으며 냉이 국을 끓여 한 대접을 떠주니 그이는 향기가 좋다며 봄 예찬을 늘어놓았다. 거기에 "봄 한 그릇 잘 먹었다"라는 끝말은 더 걸작이었다.

헌~데 지금, 나는 우편함에서 달갑지 않은 우편물을 꺼낸다. '뭐야! 봄 한 그릇 값이 너무 비싸잖아…….'

(2005. 4.)

# 은밀한 작업

오늘에서야 버리는 일이 끝이 났다. 이 일은 B선생님의 버려야 한다는 강의를 들은 다음날로부터 나흘 간의 작업이었다. 오래되고 낡은 물건들이 많으면 그것에게서 나오는 나쁜 기운이 사람의 정신과 육체, 그리고 감정에도 영향을 미치게 된다. 물건들도 서로 바람이 드나들 틈이 있어야 한다. 그래야 좋은 기운이 도는 것이며 틈새가 없이 빼곡하면 그 기운을 막아버려 집안에 나쁜 작용을 준다는 것이다.

나는 정곡을 찔린 기분이었다. 언제 집안을 치워야지 하면서도 선뜻 시작을 못하고 있었기 때문이다. 곳곳이 눈에 거슬리는데 정리를 해야지 하면서도 게으름을 피우며 미루고 있는 중이었다. 이런 내게 선생님의 말씀은 따끔한 일침이었다.

버리기는 그이 몰래 시작해야 하는 은밀한 작업이어야 했다. 무엇을 버릴 때마다 버리는 것만 좋아한다며 잔소리를 하고 방해를 하기에 말이다. 그이는 아무것도 못 버리는 사람이다. 아무리 작아져서 못 입는 옷이라도 해져서 지저분한 이불도 버리면 무슨 일 나는 줄 안다.

다행이 늦게 귀가를 해주어서 순조로운 일정이었다. 내가 퇴근해서 해야 하니까 하루하루의 계획을 세워야 했다. 먼저 입구에 있는 신발장이 첫 시작이었다. 식구는 셋인데 신발은 왜 그리 많은지. 겹겹이 포개져 짓눌려있는 신들을 꺼내놓으니 산더미다. 이렇게 많은 신발들이 저 공간속에 다 들어가 있었다는 게 놀라울 정도였다. 옆구리가 터진 운동화와 끈이 떨어진 슬리퍼. 무슨 미련으로 이것들을 버리지 못하고 있었을까.

한가득 찬 바구니를 옆으로 밀어두고 우산수납장을 열었다. 식구에 비해 많은 건 신발만이 아니었다. 우산살이 빠져 쓸 수 없는 우산에, 색이바래 쓰지 못하는 우산을 이다지도 쌓아두고만 있었던 것인지. 양쪽 가득한 바구니의 무게가 무거워 간신히 버리고 오는데 내속이 후련했다. 들어와 신발장을 열어보니 억압으로부터 풀려나 자유를 찾은 듯 보였다.

둘째 날은 안방과 아들 방으로 이어졌다. 아들이 고등학생이건만 중학교 참고서가 많이 남아있다. 한쪽으로 빼내어 쌓아두고 내방으로 옮겨가니 책장에는 책들이 자리가 비좁다고 아우성치는 듯했다. 글을 쓴다는 사람에겐 책이 많아야 재산이라고 생각했다. 그래서 욕심을 내어 모은 것이 지금은 포개어 쌓아두어야 하는 지경이 되어버린 것이다.

너무 오래되어 누렇게 변한 책들. 다시 볼 것도 아니면서 꽂아두어 먼지가 수북한 책들을 가려놓았다. 필요하다고 생각한 책들만 남겨두니 헐렁하여 여유가 있어보였다. 헤아려보니 300권은 됨직하다. 어떻게 날라야 할지 잠시 아득했지만 내게 어디서 그런 힘이 나와서 층계를 십 수번 오르내릴 수 있었는지 모를 일이었다. 다 치우고도 스스로 대견하고 개운해짐은 신기하기까지 하다. 이미 시작된 버리기는 거실과 부엌에서 하루를 보냈다. 이빠진 그릇이 걸러지고 찌든 때가 낀 프라이팬이 여지없이 포착되었다.

마지막인 오늘은 옷장과 이불장 순서이다. 그이의 옷장에는 몸이 불어 작아 못 입는 옷들로 수북하다. 한해가 달라지는 아들의 덩치를 쫓아가지 못하는 옷들이 바구니에 담겨진다. 유행이 지나 촌스러워진 옷과 마음에 들지않아 자리만 차지하고 있던 옷들도 넘쳐난다.

이불장에는 아들이 유치원생이었을 때 덮었던 이불이 아직도 있다. 끝이 너저분한 침대커버와 땀에 얼룩이 져 흉한 베게는 가차 없이 내던져진다. 이제 나는 버릴수록 점점 집착이 없어짐을 느끼는 것이다.

버리다보니 쓸모없는 것들이 많은 건 집만이 아니었다. 움켜쥐고 있었던 건 신발뿐이 아니었고 버리지 못하고 있었던 건 헌옷만이 아니었다. 집안의 못쓰는 물건들을 정리하면서 내 마음의 서랍장에 헝클어져있는 감정과 찬장 안에는 시기와 편견으로 꽉 차있음을 알게 되었다. 내 마음대로, 내 기분대로, 내 감정대로 잣대를 재고 있었던 거다. 누렇게 변한 책을 보면서 누런 내 양심을 보는 듯했고 이 빠진 그릇을 보면서 나의 모난 성격이 보였다.

비워야 할 건 정작 내 안에 더 많음을 본다. 법정스님은 "무소유"에서 난蘭화분을 버리고 홀가분해진 것처럼 나도 버리고 나니 홀가분해진다. 버리는 일이 마음까지도 가벼워질 수 있음을 안 것도 이 작업에서 얻은 소득이다.

끝으로 몇 채 남은 이불을 버리려고 재활용장으로 가는 길에 그이의 차가 들어온다. 마지막 순간에 정면으로 마주쳤다. 완전히 은밀한 작업일 수 있었는데……. 내 손에 들려진 이불을 본 그이는 "또 뭐야. 버리는 데는 선수지?"하며 검열이 시작된다.

낡은 이불을 집어 들고 버리지 말라는 말에 다 떨어져서 못쓴다고 큰소리로 제압해 버린다. 그러나 실랑이 끝에 이불 두 채는 양보해야 했다. 무슨 여자가 그리도 버리는 걸 좋아하는지 모른다며 있는 대로 핀잔을 주어도 내 기분은 자꾸만 날아오르고 있다. 이 마음을 그이는 알 리가 없다.

(2006. 5.)

# 어디쯤 걸어가고 있나요

오늘의 산행은 단촐하다. 그이와 단둘이 등산을 나서보기는 드문 일이라서 왠지 여행을 기다릴 때의 설렘처럼 나를 들뜨게 한다. 혼자 늦어서 기다려 주어야하는 그이를 위해 버겁지 않은 코스를 골랐다. 계곡을 따라 오르는 덜 힘든 길을 택한 것이다.

나란히 걸어가는 길은 우리부부의 이야기로 채워진다. 가끔은 아들도 우리 사이에 끼어든다. 화제가 아들이 대학생일 때는 학교생활이었는데 군대에 보낸 후에는 군대로 방향이 바뀌었다. 그로 인해 그이는 할 말이 많다. 남자들은 군대이야기로 밤새는 줄 모른다더니 딱 그 짝이다. 초년병에서 병장에 이르기까지의 일대기가 막힘없이 풀려 나온다.

계곡을 따라 올라가는 길은 색다른 맛이다. 숨도 차지 않고 다리도 아프지 않은 순한 코스다. 그래서인지 그이도 처지지 않고 오히려 앞장서고 있다. 가다보면 돌다리를 건너가야 하고 오솔길도 나온다. 쫓아오기에만 바빴던 사람이 돌탑에 돌을 올려놓는 여유까지 부린다.

산에서는 나뭇잎들이 엷게 색을 입히고 있다. 지난번에는 올라갈수록 시원하던 것이 선선한 기운이 도는걸 보면 계절은 여름의 끝자락에 와 있다. 옹골찬 열매를 맺기 위하여 햇살 한 모숨도 아까운 늦여름이다. 올여름은 열망하던 더위를 보여주지 않았다. 잦은 비에 과일은 제 맛을 잃고 알곡은 덩치를 불리지 못했다. 그렇기에 농부들에겐 남은 여름의 잔빛이 간절하기만 하다.

그이는 여름에 새로운 시작을 했다. 나에게는 충격이기도 했던 생소한 일에 뛰어들어 거기에 적응하느라 허둥거리는 여름을 보냈다. 어느새 여름이 다 가고 있는지도 몰랐다.

"여보. 우리는 계절로 치면 어디쯤 걸어가고 있는 걸까요"

"늦여름이지 않을까"

내 물음에 그이가 대답했다. 그럼 우리는 이 계절을 살고 있는 것이네. 햇빛 한 가닥도 놓치지 않아야 할 시간을 보내고 있는 것이 아닌가. 조금도 허투루 살지 말아야지 하는 비장한 다짐이 울컥 올라온다. 우리부부에게 인생의 가을이 얼마 남지 않았기에 말이다.

"가을이 오고 있는데 우리는 무엇을 수확할까요"

그이에게 왜 갑자기 묻고 싶어졌는지 모르겠다. 그이는 대답대신 앞에서 묵묵히 가고 있다. 어색한 침묵이 흐른다. 눈에 보여 지고 손에 쥐어지는 게 아무것도 없는 것이 인생인데 어떤 말을 기대했던 것인지. 정작 나에게도 잡힐듯하면서도 막막한 물음이다.

오가던 소통이 멈추고 길 위로 등산화 닿는 소리만 들린다. 그이는 이제서 시작한 일에 의기소침해 있다. 잘 이끌어나가야 하는 부담감과 앞날의 걱정으로 몸이 달아한다. 거두어들일 시간이 가까운 시기에 더딘 출발을 했으니 괜한 염려는 아니다. 그걸 알면서 어리석게도 이런 질문을 한 것이다. 나는 그이의 상한 마음을 달래줄 명쾌한 답을 찾고 싶었다. 머리를 온통 뒤적거려 보아도 뾰족하게 나오는 게 없다. 백치상태가 되던 순간, 어느 지인이 보내준 문자가 용수철처럼 튕겨져 나왔다. 그이를 앞질러 돌아서서 작은 몸으로 동작을 한껏 부풀려 하트모양을 하며 산이 울리도록 소리쳤다.

"여보. 행복을 수확하면 되잖아요"

나의 모습에 웃는다. 둘 사이에 이어지던 시큰둥한 고요를 깬 것은 다행한 일이다. 그이에게 나의 배려가 어설프게 통했나보다. 생각이 굼뜬 내가 또 한 호흡 느린 후회를 해 본다.

어느 책에서 사람에게는 가슴 안에 행복의 나침반을 가지고 있다는 글을 읽었다. 아기가 바깥세상으로 나오기 바로 전에 천사가 나침반에 대해서 이야기를 해준다고 한다. 그러나 태어나는 순간 그것을 까맣게 잊어버린다. 그렇기에 마음의 더듬이를 세워 따라가면 행복은 거기에 있다는 것이다.

나는 이제 보니 오래도록 쓰지 않아 자침이 고장난 나침반을 가지고 있었다. 겉으로 채워지지 않으니 안을 볼 틈이 없어 내버려둔 것이다. 사는데 급급하여 고칠 생각조차 하지 못했다. 부부는 한 방향을 향하여 함께 걸어가는 동지다. 이제 그이의 안에 있는 나침반의 좌표가 가르치는 대로 가리라.

산의 중턱에서 그이는 삽삽한 목을 축인다. 내가 지그시 눈을 감자 산그늘이 내려앉는다.

(2011. 9.)

# 가족이 있는 풍경

우리 가족은 셋이다. 그이와 나, 그리고 하나뿐인 아들이 전부다. 단출한 구성원인 셈이다. 어쩌다 외지에서 학교를 다니고 있는 아들이 집에 와야만 그나마 현관에 세 켤레의 신발이 놓이게 된다. 그런 날은 들어서면서부터 꽉 찬 느낌이다. 또한 집안 전체가 그득한 기분이다.

나는 아들이 오는 날은 분주해진다. 무어라도 해서 더 먹이려고 종일 부엌에서 동동거린다. 바쁜 나에 비해 그이는 여유로운 모습이다. 아들만 보아도 흐뭇해서 얼굴이 벙그레하여 조금이라도 말을 시키고 싶어 안달이 난다.

아들이 초등학교 저학년 때 컴퓨터에 빠진 적이 있다. 밥만 먹으면 곧바로 제 방에 들어가 문을 닫고 나오지를 않았다. 그 문소리에 거실에서 TV를 보던 우리와 아들사이를 가로막는 벽처럼 아득해졌다. 녀석과의 소통의 문도 함께 닫혀버리는 것만 같았다.

아들이 고학년이 되고 공부도 늘면서 마주하는 시간이 더욱 짧아졌다. 서로 이야기를 할 시간이 줄어들어 데면데면하던 어느 날, 그이가 특단의 조치를 내렸다. 내가 한창 드라마에 정신을 팔고 있을 때였다. 갑자기 내 의사도 묻지 않고 보는 TV를 꺼버리는 것이었다. 내게 심술을 부린 줄 알고 불뚝성을 냈다. 그이의 손에 쥐어진 리모컨을 뺏으려다가 성난 목소리에 움찔 멈추었다.

“아, 이 사람아. TV와 컴퓨터 때문에 가족이 안보이잖아.” 그이의 이 말은 나를 멍하게 했다. 센 고압선이 지나간 뒤에 살아남은 잡초가 서서히 고개를 들고 일어나듯이 일어서는 무엇, 뭉클함이었다. 뜨거워서 온 몸이 화끈거리는 이 기류가 집안의 온도계의 눈금을 높여 주고 있을 때 아들도 거실로 불러내었다. 과일을 핑계거리로 말이다.

드디어 거실에 가족이 다 모였다. 그이는 아들에게 가족과의 벽을 만드는 컴퓨터를 줄이라는 명이 떨어졌다. 나에겐 푹 빠져버리는 연속극이 문제라고 했다. 집이라는 같은 공간에 있으면서 따로따로이면 무슨 가족이겠냐는 것이었다. 듣고 보니 맞는 말이었다. 한 곳에 있더라도 대화가 단절되어 제 각각이면 어찌 정이 생기겠는가. 그 뒤로 우리는 거실에 모이는 시간이 늘어났다. 큰 목소리의 그이가 “아들아, 가족이 안보여”란 말만 하면 지금도 아들은 조르르 거실로 나온다. 물론 나도 보던 TV를 주저 없이 꺼버리고 가족의 일원에 동참한다.

가끔 현관에 엄마의 신발이 놓여 질 때가 있다. 큰 오빠네서 사시는 엄마가 딸집에 다니러 올 때다. 한 켤레가 늘었지만 마음은 가득차지 않는다. 집안도 허허롭다. 내가 부엌에 있는 시간도 더 늘어나지 않고 아들이 오는 날의 떠들썩함도 없다. 이래서 자식 키워놓아야 소용없다는 말이 나오나 보다.

엄마는 아버지가 돌아가시자 서울로 올라가신지 스무 해다. 연세도 아흔을 바라보고 있다. 나이가 들고 자식들에게 귀찮은 존재가 되면서 폐 끼치기 싫어하는 성격인 엄마는 요즘은 사남매의 집을 골고루 오가고 계신다. 어느 집, 그 누구도 엄마를 가족으로 치는 곳이 없다. 하물며 나조차도 말이다.

엄마에게도 가족이 있었다. 세 명의 아들과 딸 하나를 둔 여섯 명의 든든한 울안을 가지고 있었다. 무능한 지아비를 둔 탓에 잠시도 쉴 틈이 없이 일을 해야만 하는 일벌레였지만 힘든 줄 몰랐을 것이다. 자식들이 공부도 잘하고 착한 아이들로 커가는 걸 보는 기쁨이 엄마를 지탱하는 힘이었을 테니까. 오빠들이 모두 공무원 시험에 합격했을 때는 세상을 다 가진 듯 부러울 게 없던 보금자리였으리라.

얼마 전 둘러 본 그 곳. 여섯 명의 가족이 희로애락을 함께 했던 곳. 엄마의 둥지였던 비산리 754번지는 잡풀만 무성한 채 폐허가 되어 있었다. 엄마의 가족이었던 내가 다른 가족이 되어 산다. 오빠들도 그들만의 울타리를 가꾸고 살고 있다. 엄마의 아들보다 누구의 아버지로 살고 있는 것이다. 이제, 엄마의 가족은 없다. 지금도 그때의 가족풍경을 매일 꿈꾸고 있는지도 모른다. 엄마가 외딴 섬처럼 외로워 보인다.

엄마에게서 화면에서 본 깊은 눈의 노인을 만난다. 홀로 살아가는 노인들이 취재를 나간 사람을 바라보던 눈빛이다. 경제적인 어려움보다도 사람이 그리운 이들. 이집 저집 전전하는 엄마가 똑같은 얼굴로 그들 속에 섞여 있다. 세월은 당차고 칼 같던 성격을 앗아갔다. 씻기다가 조금만 힘이 가해지면 멍이 들고 뼈가 부러질까 조심스럽다. 허리는 굽어 앙상해진 다리가 건드리기만 해도 쓰러질 것 같이 간신히 버티고 서 있는 듯하다.

나는 그런 엄마를 보면서 가시고기를 떠올렸다. 그 제목의 소설책을 눈이 붓도록 울면서 본 날 모양 자꾸만 뜨거운 게 가시처럼 걸린다. 신경숙의 "엄마를 부탁해"란 책을 읽으며 지새운 날처럼 가슴이 알알해서 도무지 잠이 올 것 같지 않은 밤이다.

(2013. 10.)

# 일상의 행복

나는 평범한 여자다. 한 아이의 엄마이기도 하고 한 남자의 아내이기도 하다. 나의 호칭은 안에서는 여보이기도 하면서 수한이 엄마이다. 또한 밖에서는 이름이 쓰여진다. 사무실에서는 이름 뒤에 씨라고 붙여주고 글을 쓰는 모임에 가면 이름 뒤에 선생님이라고도 불러준다. 여자로서 몇 개의 호칭을 갖고 있으니 감사할 일이다.

아파트의 주인인 나는 집안을 가꾸는 일을 담당하고 농막의 주인인 그이는 밭을 돌보는 일을 맡고 있다. 나보다는 그이가 더 부지런을 요한다. 고추를 심어 제때에 줄을 매야 하고 토마토 순도 자주 잘라주어야 한다. 하나하나 손길이 닿아야만 하는 농막은 게으름을 피우면 금방 표가 난다.

풀들이 제 세상을 만나 극성을 부리고 잠깐 때를 놓치면 채소들은 시름시름 병을 한다. 일주일 만에 가보면 또 미친 듯이 앞 다투어 풀들이 올라와 있다. 뽑다뽑다 내가 먼저 지쳐 떨어진다. 풀처럼 지치지도 않는 놈도 없다. 질기고 질긴 놈들이다. 풀에게 당한 나는 그이에게 잔소리로 되돌려준다. 우리 밭이 밀림인줄 알고 호랑이도 찾아들겠다고 투덜대는 것이다.

여기서 잘 때면 새벽 다섯 시를 못 넘기고 잠을 깬다. 여러

종류의 새들이 이 시간이면 용케도 찾아와 울어댄다. 공장을 짓느라 산을 밀고 조금 남은 자투리 산에 온갖 새들이 찾아와 한바탕 앙칼지게 울고 간다. 그 뒤를 이어 곱게 울고 가는 녀석도 있다. 아마 그 무리에 끼었다가는 제 목소리를 제대로 들려주지 못할 것 같아서 뒤늦게 찾아온듯하다.

일요일이라 조금 늦잠을 자고 싶은 나는 새를 상대로 구시렁거린다. 잠도 못 자게 훼방을 논다고 칭얼대면 그이의 한마디는 농막의 주인답다. 여기가 산속이니 새들 구역에 내가 침범한 것이어서 시끄러워도 내가 참아야한다는 이론이다. 언제부턴가 그이는 자연에 적응이 다 된 눈치다.

새들 때문에 잠을 깬 나는 일찍이 아침을 준비한다. 여기에 올 때는 늘 빈손이다. 마트에 들러 찬거리를 사오는 일은 없다. 쌀을 씻어 불려놓고는 채마밭으로 나간다. 한 바퀴 휘 돌아오면 찬거리 준비가 끝난다. 바구니엔 오이도 한 개, 가지도 몇 개, 새싹채소도 담겨있다.

여린 채소를 다듬어 그이가 좋아하는 겉절이를 무친다. 밥상에는 가지와 고추, 호박과 오이도 올라가 있다. 온 밭이 다 올라가 있는 소박한 밥상이다. 고기반찬이 없어도 넉넉한 밥상에 둘이서 앉았다. 항상 아들이 빠져있는 밥상은 둘뿐이다. 가만 생각해 보니 그이는 내가 해주는 밥을 제일 맛있게 먹어주는 남자다. 나와 가장 많이 밥을 먹어주고 앞으로도 먹어줄 사람이다.

또한 나는 그의 인생에 있어서 반 이상을 등장하는 인물일 것이다. 처음에는 여리고 순한 여인이 나이를 먹으면서 자주 화내고 우악스러운 역할로 변하고 점점 더 극성맞은 여자로 변모해가는 그 모습을 고스란히 지켜본 사람이기도하다. 상대방이 아프면 나도 아프고 슬프면 나도 슬픈, 기쁜 일이 생기면 나누어서 더 기뻤던 인생의 마디마디에 서로가 있었다. 우리는 부부라는 이름으로 서로에게 서로의 인생이 되어가고 있었던 것이다.

나아가 주위에 있는 모든 것들이, 많은 사람들이 내 인생이야기가 되는 것이다. 그러니 무엇 하나 소중하지 않은 것이 없다. 누구 하나 귀하지 않은 사람도 없다. 가족, 친구, 이웃, 동료 모두가 내 삶이라는 연극무대에 역할을 맡은 조연들이다. 등장인물로 얼마나 자주 나오고 안 나오느냐의 차이다. 그들이 있어 내가 더 돋보이고 찬란한 주인공이 될 수 있는 것이다. 나 혼자서 연기를 잘한다고 연극이 성공하는 게 아니다. 한 사람 한 사람이 역할을 다해 전체가 조화로워야 그 연극은 관객에게 박수를 받는다. 또한 감동을 주는 법이다.

물론 나도 주위의 그 누구의 인생들에 조연이 되기도 한다. 주인공을 더 빛나게 해주는 조연이 된다. 그들의 무대에 어떤 역할로 대본양이 주어질지 모르지만 악역은 아니어야 하지 않을까. 무대의 분위기를 살리는 조연을 맡아서 최선을 다해야 한다. 그들이 기억해내고 기록되어지는 그 사람의 인생이 되니까.

나는 이 밥상에서 한편의 연극을 보게 될 줄이야. 그 연극은 아들을 낳아 정성들여 잘 키워내고 서로를 의지하며 손을 잡고 가는 노부부의 찡한 뒷모습을 엔딩으로 끝이 나고 있었다.

막이 내리자 가슴 안에 아지랑이가 몽글몽글 피어올랐다. 이 뜬금없는 뭉클함은 무어지. 아, 이런 것이 행복이구나. 행복은 집채만큼 커다란 것이 아닌 아주 작은 모습이었다. 행복이 멀리에 있는 줄 알았다. 형체도 없는 걸 잡으려고 수없이 헤맸던 나는 그때마다 실망하고 좌절하며 원망도 했다. 그러나 정작 여기에, 내 안에 있었음을 깨닫는 아침이다. 이런 소소한 일상들이모여 하루가 되고 그 하루하루가 모여 인생이 됨을 오늘 아침 밥상에서 느끼는 것이다.

나의 지금의 이 평화가 내가 그토록 찾던 행복임을 알게 해 주는 감사한 아침이다.

(2016. 7.)

# 가을의 이유

우체국 마당이 온통 붉다. 풋대추가 여름을 견디지 못하고 무더기로 떨어져 나뒹굴었다. 가지에 매달려 얼마를 버티다 놓은 손이었을까. 땅위에서 뒤척이며 몇 날이 지나자 마당위에서 빨갛게 익었다. 풋풋한 시간을 잃은 쭈글쭈글한 모양이다. 나무에 온전히 매달려있는 열매보다 떨어진 것들에게 더 눈길이 간다. 억지로 단풍나무색을 입힌 것이 안쓰럽기 때문이다.

눈을 산으로 옮겨놓으니 색옷을 입고 있다. 북쪽으로부터 시작하여 남하하면서 높은 산을 서서히 물들이며 아래로 내려오고 있다. 빛깔이 짙어갈수록 덩달아 구경나온 사람들로 산은 색색이 물든다. 골짜기마다 감탄이 메아리로 울린다. 갈바람이 잎마다 색소를 뿜어대면 자지러지는 사람들. 울긋불긋한 산 앞에 시끌시끌한데 나는 동요가 없다. 저토록 고운 단풍에 도리어 마음 끝이 시려온다.

내 앞에 와있는 가을은 예전의 모습이 아니다. 온 산을 물들이는 컬러의 붓 터치가 지나간 자리에 내 마음은 숭숭 구멍이 난다. 소소리바람으로 몰려와 내안에는 통로가 생긴다. 그 길로 상강霜降에 쫓기듯이 질주해 오는 나의 가을과 정면으로 눈이 마주쳤다. 순간, 뒤돌아서서 외면을 하고 만다.

감히 자연의 순리를 거부한다고 될 일이랴. 봄꽃보다 더 고운 게 단풍이라고 한 법륜스님도 우울증에 빠지기 쉬운 중년을 위로하기 위함일 것이다. 순응해야 함을 알기에 노래를 빌려 위안해 본다. 늙어가는 것이 아니라 조금씩 익어가는 것이라고. 이래저래도 위로가 되지 않는다.

스님의 자비의 말씀도 소용없다. 허무함이 달래지지 않아 알알한 마음은 몸살을 끌어들이고 만다. 몸이 무거워지고 열과 오한이 번갈아 변덕을 부리며 밤의 길이를 길게 늘어뜨린다. 감기증상이다. 중년의 감기를 숨기지 못하고 연신 기침으로 콜록대고 있다. 아플 만큼 아프고, 앓을 만큼 앓아야 낫는 고뿔인가 보다.

이즈음이면 단풍구경가자고 조르던 내가 조용하자 그이가 먼저 말을 꺼낸다. 별 반응이 없자 가만가만 나를 살핀다. 신경이 쓰이는 눈치다. 동갑인 그이도 같은 계절을 걷고 있을 터이다. 까칠한 나에 묻혀 숨죽이고 있는 그이다.

가을의 속도가 초초 빨라지고 있다. 나무가 물들어가는 것은 생존의 몸부림이다. 줄기에서 잎으로 가는 관다발을 차단하여 잎을 떨구기 위한 처절한 갈등인 셈이다. 잎의 아우성이 처연할수록 단풍은 더 고와진다. 나무는 저의 전부를 과감히 버리기로 결정하면서 절정에 선다. 소유와 집착을 버릴 때 비로소 아름다운 단풍이 되는 것이다.

무더운 여름날의 따가운 햇볕을 견뎌내고 도착한 가을이다. 처음에 꼭 잡은 두 손이 느슨해져서 풀어졌다 해도 그이와 어깨를 나란히 한 길이다. 한 발 앞쪽에서, 때로는 뒤쪽에서 뒤쳐져 지켜보며 함께 걸어온 길이다. 다가올 겨울의 추위를 지레 두려워 할 필요가 없다. 이렇게 또 둘이 가면 된다. 느리면 조금 기다려주고 빠르면 걸음을 늦추면 된다. 서로의 그림자가 되어 붙어서 가면 되는 것이다.

이제, 마주보며 물들어 가리라. 은행나무나 옻나무의 화려한 색이 아니어도 실망할 일이 아니다. 또한 같은 색이 아닐지라도 서운해 할 것도 아니다. 서로 다른 엽록소를 인정하며 단풍으로 피어나리라. 그것이 내가 살아야 할 가을의 이유다.

내 옆에 잠잠히 있는 그이에게 넌지시 물어 볼 참이다.

"당신의 가을은 괜찮은가요?"

(2017. 11.)

# 기억의 습작

"툭"하고 목걸이가 끊어졌다. 구슬이 사방으로 굴러 퍼진다. 쥐고 있던 생각의 고리가 비보悲報에 마디마디 떨어져나가고 있었다. 산산이 흩어진 구슬을 보니 고였던 울음이 터진 봇물처럼 밀려왔다.

현관문을 밀치고 나온 세상은 안개가 점령했다. 날씨가 나의 마음을 위로하려 함인가. 안개비가 내리고 있다. 넋을 놓고 보낸 밤이다. 삼십년을 넘도록 내내 기다려온 소식이었다. 이제야 전해진 기별은 그녀의 급작스런 죽음을 알리는 부고였다. 어떻게 해야 할지, 어디로 가야할지 모르겠다. 당장 달려가는 게 맞는데 나는 일터로 향하고 있다. 그녀와 떨어진 세월만큼이나 수원은 내게 먼 거리가 되었나보다.

그녀는 나와 많이 닮았다. 말수가 적고 내성적인 성격도 같았다. 사교적이지 못한 나에게 말을 걸어준 유일한 애였다. 비슷한 구석이 많아서 중학교 시절의  단짝이 되었다. 영원한 친구이기로 맹세도 한 사이였다. 졸업식 날은 헤어지는 날이었다. 그녀는 집안형편 때문에 서울에 있는 산업체 학교를 가게 되어 섬유회사차가 대기하고 기다렸다. 식이 끝나자 차가 그녀를 싣고 떠났다.

그 후에 내가 고등학교를 졸업하고 공무원 시험에 떨어지면서 서울로 올라가 직장을 다닌 적이 있다. 어떻게 알았는지 전화가 와서 우리는 만났다. 반가우면서도 어색한 시간이었던 것 같다. 그녀를 본 것이 이게 끝이었다.

그런데 이상하게도 어느 순간, 만났던 그날이 깜깜해졌다. 어디서 만나 무엇을 했는지가 도무지 생각이 나질 않았다. 아무리 기억해내려 해도 웬일인지 내 머리에서 증발해버렸다. 때때로 떠올리려고 애를 써 봐도 소용이 없었다.

둘의 아득한 시간을 찾고 싶었다. 그녀를 만나면 끙끙대보아도 선명해지지 않는 기억에 대해 물어보고 싶었다. 다툰 듯도 한데 무슨 일이 있었는지도 물어보고 혹시라도 내가 잘못한 일이라면 사과하려했다. 변치 말자던 우정의 끈을 다시 잇고 싶었는데 마른하늘의 날벼락이었다.

내가 소식을 알려고 발버둥을 쳐도 나의 반경에서 숨었던 그녀였다. 아들이 보내온 문자에는 엄마의 핸드폰에 입력되어 있는 사람들에게 모두 알리는 것이라고 되어있다. 왜 그녀는 나의 연락처를 알고도 한번도 찾아주지 않았는지 모를 일이다. 흐려진 시간 안에 나를 원망할 이유가 있었던 것은 아닐까.

보고픔과 궁금증이 가슴모퉁이에서 늘 떠나지 않았다. 언젠가는 맑은 얼굴로 나타날 것 같은 예감이 들었다. 예감은 틀리지 않는다고 한 말도 다 거짓이다. 나의 예감은 틀렸다. 그녀의 앞에 서서 작별을 고해야만 된다. 잘 가라고 마지막 가는 길을 배웅해야만 한다. 나는 끝내 가지 못하고 마음만 동동 구르다 답을 보낸다. "삼가 고인의 명복을 빕니다" 내안에서 그날이 연기처럼 날아가고 있다.

이제 함께 맞춰볼 수조차 없게 된 조각들이다. 제 자리를 찾지 못할 파편들이 퍼즐위에서 이대로 영원히 미완이 된다. 그렇게 백지의 하루가 기억 속에 묻히고 있는 것이다.

어제는 오늘을 지나 내일로 흐른다. 물살은 갈수록 더 빨라진다. 거기에 기억을 실으니 어제는 오늘의 습작임을 비로소 알겠다. 또한 오늘은 내일을 위한 습작임이 분명하다. 비록 오늘이 습작일지라도 오늘을 힘껏 살아볼 일이다. 그래야 내일에 당도하여 후회가 남지 않을 테니까.

(2018. 1.)

# 소확행

휙 지나려던 길이다. 외면하려 질끈 눈을 감아보아도 나에게 일제히 보내는 꽃들의 유혹은 그치질 않고 있다. 이 황홀한 꼬임에 빠지지 않을 독한이가 있으랴. 끔뻑 넘어간다. 나의 감성에도 분홍물이 든다. 세월을 역류시킨 꽃 같은 소녀는 웃음이 헤프던 시절의 추억을 꽃밭에 휘휘 풀어놓고 있다. 이 얼마만의 싱그러운 일탈인가.

"차각차각" 소리에 꿈에서 깨어난다. 가위질 소리에 황급히 중년의 여인으로 돌아오는 순간이다. 가지를 쳐내며 꽃도 함께 따고 있다. 그 예쁜 것들을 잔인하게 무슨 짓이냐며 말리고 싶다. 업業인 그들에겐 이런 내가 미친 짓이다. 과실을 튼실하게 키우려면 꼭 해주어야하는 작업이기에 말이다.

꽃이 잘려진 채 땅에 나뒹굴고 있다. 웃고 있는 모습이 예뻐서 더 처절해 보인다. 그 웃음도 잠시일 뿐, 햇빛은 오래지 않아 갈잎처럼 말려버릴 것이다. 꽃의 잔인한 나락을 인정하고 싶지 않아 서둘러 복숭아과수원을 빠져 나온다. 농막을 가는 길에 외도를 하느라 그이가 기다리고 있다는 것도 까맣게 잊었다.

수현재는 우리가족 셋의 이름 한자씩을 따서 지은 농막이름이다. 농막은 마음이 쉴 수 있는 곳이다. 여기서의 자잘한 일은 즐거운 노동이 된다. 고추 10포기, 가지 5모, 고구마 300포기를 심으면서 나는 이미 부자다. 얼마 지나지 않아 찬거리의 빈 바구니를 채울 어여쁜 것들이다.

주위의 나무들이 하루하루 달라지더니 제법 신록이 되었다. 초록의 잎들이 가꾼 숲속의 산장이다. 귤나무에서 여인의 향수가 향기로 전해질 때 기분이 좋아진다. 똘망이란 이름의 개와 냥이로 불리는 고양이인 식솔들도 다 사랑스럽다. 이곳에서 나는 마음을 충전한다. 돈이 많은 부자가 아니어서인지 자잘한 일들이 잔잔한 감동으로 온다.

인터넷에서 "소확행"이란 생소한 단어를 알게 되었다. 무라카미하루키가 수필집인 랑겔한스섬의 오후에서 처음으로 소개한 신조어이다. 소소하지만 현실 속에 또렷한 행복을 일컫는 말이다. 그는 막 구운 빵을 손으로 뜯어먹는 것, 오후의 햇빛이 나뭇잎의 그림자를 그리는 걸 바라보며 브람스의 실내악을 듣는 것, 새로 산 정결한 면 냄새가 풍기는 하얀 셔츠를 뒤집어쓸 때의 기분이라고 말하고 있다.

어쩌면 "소확행"은 모두에게 공존하는 공기 같다. 숨을 쉬면서도 소중함을 모르고 사는 이치인 셈이다. 당연한 것들을 감사하는 데서 오는 건지도 모른다. 너무 가까이에 있어서, 늘 있는 일이라서 무심코 지나치기가 쉽다. 굳이 거창하지 않아도 작은데서 오는 기쁨이지 않을까. 아름다운 꽃을 보고 머금은 미소. 비 오는 날에 미치도록 좋은 커피 향. 어질러 있던 책상을 잘 정리한 뒤에 흐뭇해져오는 느낌일 듯하다.

나흘 전에 씨를 뿌린 채마밭을 둘러보다가 흙속에 박힌 초록의 알갱이들이 눈에 띈다. 쪼그려 앉아 가만히 살펴보니 싹이 고개를 들추고 있다. 새싹에겐 사투가 내 눈에는 귀엽다. 서있을 때는 보이지 않던 모습이 들여다보아서야 보이는 새싹. 이렇듯 자세히 보아야 보이는 일상의 여유를 나는 "소확행"이라고 말한다.

이런 행복은 내 안이 충만해져있지 않으면 느낄 수가 없다. 욕심을 버리고 마음을 비울 때 비로소 볼 수 있는 혜안이다. 이건 순수한 사람만이 깨닫는 득도다. 내가 평생토록 닦아야 할 도道이다. 이는 도통하지 못할 무한의 환희인 것이다.

(2018. 5.)

# 3

## 사막의 현

## 3부. 사막의 현

팔월의 바람
연리지
고구마에서 캔 사랑
황색점멸등
염주알은 내속을 구르고
선장과 그 아내
초록빛 고요
제 모습을 보일 때
파레트
사막의 현

# 팔월의 바람

지금 밖에는 더위로 몸살을 앓는다. 사람들은 찜통더위라고 야단이다. 지칠 줄 모르고 내리쬐는 햇볕에 이른 봄 보송보송한 눈을 틔운 포도나무가 내가 한눈을 판 사이에 구슬 같은 열매를 달더니, 누가 먼저랄 것도 없이 하나 둘 보랏빛으로 채색을 시작한다. 긴 목을 뺀 옥수수도 자신의 수염을 태워 속알을 영글기 위한 힘겨운 노동을 하고 있다. 그렇게 한 해의 여름이 익어간다.

이맘때면 나는 어김없이 몸살을 앓는다. 남들은 더워서 아우성인데 문을 꼭꼭 닫고 두꺼운 이불을 덮어도 가시질 않는 한기. 이마는 고열로 끓고 있는데 마음속을 얼리는 이 추위. 사람들과의 대화도 단절하고 겹겹이 옷을 덧입는 이 열병. 불청객인 우울증이다.

처음 한 두 해의 여름은 그이가 마음의 청진기를 갖다 대고 진찰을 하고 치료해보려 애썼지만 허사였다. 이런 내가 안쓰러워 별 방법 다 써보지만 모두가 헛수고다.

혼자 앓을 만큼 앓아야 괜찮아진다는 걸 아는데 걸린 시간은 두 번의 여름을 같이 보낸 후였다. 이렇게 앓고 나면 갑갑증이 난다. 시간이 치유해준 것이다. 곪아터진 생채기를 어루만져주고 밤마다 조용히 왕진을 돌며 간호해준 것이다.

사춘기 때부터 나를 찾아오는 이 손님은 한해도 거르지 않는다. 한번쯤 잊을 만도 하건만 올해도 며칠 전 폭풍우를 몰고 나를 방문했다. 머리를 싸매고 얼마를 앓았는지 내 방에 있던 산소가 모두 없어진 느낌이다. 숨이 막힌다. 답답하다.

대문을 열고 들로 나간다. 철 이른 코스모스는 미풍에도 작은 몸을 파르르 떤다. 그 위로 여유로운 날개 짓을 하며 지나가는 잠자리도 계절을 서둘러 나온걸 보니 꽤나 성미가 급한 녀석인가 보다.

아카시아 나무가 해를 등지고 긴 그림자를 만들었다. 그 속에 내 그림자를 묻고 앉았다. 어디에선가 매미가 울어댄다. 가는 여름이 아쉬워 남아있는 자기 몫의 생을 가늠이라도 한 절규인 듯 힘 다해 울고 있다.

매미는 나무줄기의 틈이나 가지 속에 알을 낳아 거기서 겨울을 지내고 초여름이 되면 굼벵이가 되어 땅속으로 들어가 나무뿌리의 진을 먹고 자란다. 보통 땅속에서 수년 동안 생활하지만 어떤 건 십 수 년이나 있는 것도 있다. 다 자란 굼벵이는 나무줄기를 타고 올라가 허물을 벗고 매미가 되어 겨우 몇 주일 밖에 못산다고 한다.

그 감내의 시간이 어찌 억울하지 않으리. 그 이유에서 저리도 목청을 높여 우는 것만은 아닌 듯하다. 주어진 삶에 최선을 다 하는 모습은 아닐지. 담고 온 노래를 남기고가지 않기 위해, 그리하여 갈 때 후회하지 않기 위해 끝까지 노력을 하는 모습이 아닐지.

누구에게나 똑같이 주어진 시간. 어느 이에게나 공평하게 배분된 시간. 일 년은 삼백육십오일, 하루는 이십사 시간, 한 시간은 육십 분. 아무것도 이루어 놓은 것 없는 이립이 지난 내 부끄러운 나이. 돌아보면 갈증에 단숨에 마셔버린 물 한 그릇처럼 먹어진 나이같기만 하다.

인생은 짧다. 아직은 여름인 내 인생의 계절. 모두가 튼실한 열매를 맺기 위하여 이 계절이 분주하다. 나만이 게으름을 피우고 있었나보다.

"똑딱 똑딱"

귓불을 지나는 팔월의 바람이 늦잠 자는 나의 청각을 일으켜 깨운다.

'일어나세요. 시간은 당신을 기다려주지 않습니다'

(1998. 8.)

# 연리지連理枝

나에게 8월은 잔인한 달이었다. 다시는 꿈꾸고 싶지 않은 악몽의 달이다. 처음 검진에서부터 최종 결과가 나오기까지 20일간의 기다림은 내 생에 있어 가장 지루하고 초조한 시간이었다.

주부라면 가끔은 또 정기적으로 가는 병원이 산부인과다. 그곳에 가는 걸 좋아하는 사람이 있으랴마는 나는 유난히 싫어하고 꺼려서 아주 급해야 가곤 하는 것이다.

그렇게 미룬 것이 정기검진 받을 기간을 훨씬 넘겨버렸다. 6개월마다 해야 하는 검진을 그 두 배의 시간이 흘렀다. 이러면 안 되겠지 싶어 별러서 읍내에 있는 병원을 갔다. 이상증세가 있는 것도 아니어서 검사차원으로 자궁암검사를 끝내고 가벼운 마음으로 왔다. 물론 그 결과에 대해서는 조금도 의심하지 않은 채.

일주일 후에 병원에서 전화가 왔다. 결과에 대해서는 말은 없고 내원하라고 했다. 대개 "이상 없습니다"하고 전화로 이야기해주는데 방문하라니. 이게 무슨 일인가 싶어 전화를 끊으면서 시작된 불안의 타래는 온몸을 옭아매고 있었다. 이런 나를 이끌고 간신히 병원에 갔다. 의사 선생님께서는 의심이 가니 큰 병원에 가보라며 소견서까지 써주시는 게 아닌가.

아무 생각이 없어지면서 머릿속이 하얗게 비어왔다. 집에 가야하는데 다리가 휘청거려 말을 듣지 않았다. 한참을 병원입구에 쭈그리고 앉아있는데 아들의 모습이 눈앞에 아른거렸다. 뒤이어 따라오는 그이의 모습. 지금껏 일군 가족이라는 울타리가 나를 일으켜 세웠다.

마음을 추스르고 집에 돌아와 아무 일도 없는 듯 저녁식사준비를 했다. 어느 때보다 더 일찍 퇴근한 그이에게 늦으막이 오늘 일을 이야기했다. 다 듣고 난 그이는 놀라는 표정을 감추고 별일 아닐 거라고 나를 먼저 달랬다.

속안에 고여 있던 눈물이 한꺼번에 쏟아졌다. 이런 나에게 어디선가 한아이의 어머니가, 한남자의 아내가 이렇게 나약해서 되겠느냐는 환청 같은 질책이 왔다. 아직 큰 병원의 재검도 받아보지도 않고 걱정먼저 하느냐는 꾸중이 왔다. 그렇게 한참을 울고 나니 찾아오는 마음의 평온.

다음날 그이는 서둘러 청주에 있는 C종합병원에 예약을 했다. 박사님의 특진까지 함께였다. 그 다음날 오전 10시로 검진이 정해져 그이와 병원으로 가는 길 내내 불안해하는 내 자신에게 최면을 걸었다. '어머니는 여자보다 강하다'라고.

도착해서 예약이 너무 많아 네 시간을 기다려서야 검사를 마쳤고 열흘 후에 결과를 보러 내원하라는 것이었다. 나의 그 열흘의 시간은 시한부인생처럼 생각되었다. 세상의 살아있는 모든 것들이 다 새로워 보였고 기다림의 고통을 이겨내는 인내의 시간이었다. 아무 일없이 지나가는 날들이 얼마나 고마운 것인지 알았다.

그렇게 마음의 지옥을 수차례 들락거리며 열흘이 지났다. 차안에서 바라보는 그 어떤 사물도 눈에 들어오지 않았다. 차가 멈추어서보니 병원이었다. 대기실에서 삼십분이 지나서야 간호사에게 내 이름이 호명되었고 말 잘 듣는 학생처럼 들어가 의자에 앉았다.

K박사께서는 내 얼굴을 보고는 "많이 걱정하셨지요"하며 웃으신다. 많이 불안해하는 나의 마음을 읽으신 모양이다. "걱정하지 마십시오. 아무 이상이 없습니다." 구원의 소리였다. 그 어떤 것보다도 더 아름다운 소리였다. "고맙습니다. 고맙습니다."

병원을 나서는 그이와 나는 웃음을 빼앗아간 마녀에게서 마법이 풀린 듯 마주보며 웃었다. 어느새 둘은 손을 꼭 잡고 있다. 차안에서도 나의 한쪽 손을 놓지 않는 그이의 손 사이로 무언의 전율이 흐른다. 이렇게 부부는 서로 걱정하고 아파하며 연리되어 가는 것은 아닐까.

연리란 가까이 자라는 두 나무가 맞닿은 채로 오랜 세월이 지나면 서로 합쳐져 한 나무가 되는 것을 말한다. 나무의 가지가 서로 이어지면 연리지라 하고 줄기가 이어지면 연리목이라 한다. 연리목은 가끔 만날 수 있으나 가지가 붙은 연리지連理枝는 희귀하여 보기 힘들다. 다른 나무와 맞닿을 기회가 적고 닿더라도 바람에 흔들려 좀처럼 붙기 어렵기 때문이다.

그런데 천년만인 지난해 7월 경북 청도에서 연리지가 발견되었다. 나이가 오십으로 추정되는 소나무인데 깊은 산속의 북쪽 비탈에 서 있다고 한다. 며칠 전, 그림으로 본 연리지는 마치 등산에 나선 부부가 비탈길에서 넘어지려는 아내의 손을 꼭 잡아주자 정겹게 남편을 올려다보는 형상이었다. 멋스런 나무는 보았지만 아름다운 나무는 처음이기에 신기하여 한참을 들여다 보았었다. 그때는 보기 좋고 아름다운 나무라고만 생각했는데 8월의 악몽을 끝내고 병원에서 돌아오는 지금, 연리지는 새로운 느낌으로 다가온다.

나무도 사람과 똑같은 세포조직을 가지고 있다 한다. 장미농장에서 음악을 들려주는 일이나 여럿이 모여 살아야 잘 자라는 은사시나무가 그걸 말해주는 것 같다. 한쪽의 나무가 영양부족으로 뿌리가 죽어가도 다른 쪽의 나무가 영양을 나누어주어 죽지 않는다는 연리지이다. 너와나, 이웃과 이웃사이, 사람과 사람사이 사이가 모두 나무만 같았으면…….

내 손은 잡고 있는 그이의 손안에서 연리지를 꿈꾸며 오래오래 빠져나올 생각을 않는 것이다.

(2003. 8.)

# 고구마에서 캔 사랑

얼마 전 밭에 심겨져 잎이 시들시들 말라가고 있는 고구마를 보았다. 그이는 죽은 것처럼 보이는 것을 물도 주고 북을 올려 돋궈주며 정성이었다. 그것이 이상해서 “저 고구마 뽑아버려야 하는 것 아니에요?” 묻자 죽은 게 아니라며 나를 혼내고 시골에서 자랐으면서 그것도 모르냐며 나무라는 것이었다.

밭을 온통 파랗게 덮은 고구마넝쿨은 보았어도 다 말라서 까부라진 모습은 처음이었다. 속으로 의아해하며 지냈는데 그이 말대로 며칠 후 마른 잎 사이로 새순이 올라오는 것이었다. 신기하여 살펴보게 된 고구마의 생장과정은 감동적이다.

씨고구마는 자신의 몸이 썩으면서 많은 싹을 틔운다. 이것을 순이라고 하는데 한두 뼘 정도의 크기가 되었을 때 가위로 잘라 밭에 심는 것이다. 그러면 자신의 잎을 말려가면서 서서히 땅속으로 뿌리를 내리고, 그 뿌리가 자라면서 마른 잎을 비집고 다시 새싹을 밀어 올린다. 이어 줄기를 뻗고 땅속 보이지 않는 곳에서 은밀한 노동이 시작되어 고구마를 안는 것이다.

고구마가 되기까지는 두 번의 희생이 있어야 한다. 제 몸을 썩히며 겪어내는 씨고구마의 아픔과 자신의 잎을 말려가며 이겨내야 하는 고구마 순의 고통이 따라야 한다.

요즘, 아들을 보면 밭에 옮겨 심어져있는 고구마 같다는 생각을 한다. 시험을 앞두고 어깨를 축 늘어뜨리고 다니는 모습이다. 그러면 나도 따라 수험생이 되어 밤12시까지 마음 졸이며 아들을 기다린다. 물먹은 솜모양을 하고 돌아오는 아들에게 "힘들지?" 이 한마디는 아무 위로도 되지 않는 눈치다.

건강이 상할까 영양제도 챙기고 그날의 기분을 살피느라 쩔쩔매지만 그 애의 얼굴은 무표정이다. 이런 나를 더욱 안타깝게 하는 것은 아침마다 코피를 쏟는 거다. 그러나 어쩌랴. 모두들 저렇게 안하고는 안 되는 것을. 이것이 우리의 교육현실인 것을…….

오늘 아침 집을 나서는 아들의 어깨는 어제보다도 더 쳐져있다. 무엇이 그리도 저 녀석을 힘들게 하는 건지. 공부가 잘 안 되어 1학년까지 지켰던 그 자리를 지켜야한다는 부담감이 녀석을 압박하고 있는 건 아닐지. 녀석만큼이나 내 고민도 쌓여만 간다.

잘 다녀오라는 말로 학교를 보내고 현관을 들어서는데 TV에는 여고생의 투신자살이 전해지고 있었다. 성적을 비관한 자살로 밝혀졌다고 한다. 그걸 듣는 순간 아들의 모습이 투영되면서 섬뜩하여 소름이 돋는 것이었다.

순간 현관문을 열고 다시 나가 저만치 가고 있는 아들을 향해 소리를 질렀다. "수한아 힘내. 잘 다녀와" 손을 흔들어 보이는 그 녀석의 뒷모습이 보이지 않을 때까지 서 있었다.

이제야 안다. 조바심하며 염려하기보다는 격려가 필요함을. 제 잎을 말리는 아픔을 이겨내고 맨땅에 뿌리내리는 고구마줄기처럼, 힘듦을 이겨내고 그 위로 다시 새살이 돋을 수 있기를 기도해 주는 게 사랑임을 안다. 엄마 품을 떠날 나이가되어 혼자서 해야 하는 일이 많은 아들을 믿음으로 지켜보는 것만이

제 몸을 썩히며 싹을 길러내는 고구마의 모정임을 안다.

그이가 정성을 주는 밭의 고구마가 뜨거운 햇빛을 잘 이겨내고 새싹을 길러낼 수 있기를 바라며 걱정 어린 눈길을 보내는 것이다.

(2004. 5.)

# 황색점멸등

저녁바람이 차다. 나는 추위 때문에 잠시 갈등한다. 택시를 탈까 아니면 그냥 걸어갈까 망설이다가 걸어야지 했을 땐 이미 걷고 있다. 창작교실 수업이 있어서 가는 길이다. 추운 걸 싫어하면서도 이렇게 걷는 데는 차가 없어서이기도 하지만 부족한 운동량을 채우자는 계산도 들어있다.

나는 겨울이 싫다. 더운 것은 참을 만한데 추운 것은 참기가 힘들다. 아침에 일어나 이불속을 나와야 하는 건 고역이다. 출근하려고 문을 열고 나오면서부터는 인내가 시작된다. 그이와 말싸움이 잦아지는 것도 이때다. 조금만 더워도 잠을 못자는 그이에 비해 전기장판의 온도를 높여야하는 나와의 입씨름은 겨울이 다 가서야 끝이 난다.

이보다 겨울이 싫은 이유가 더 있다. 겨울이면 지독해지는 아토피피부염 때문이다. 퇴근해서 집에 돌아오면 온몸이 가려워 참을 수가 없다. 추운 곳에 있다가 따뜻한 곳에 가면 더 극성을 부린다. 내 몸은 아토피와의 싸움으로 긁어서 낸 상처투성이다.

이 아토피는 여름에 숨을 죽이고 있다가 겨울만 되면 정체를 사정없이 드러내니 내 몸에 공생하고 있음을 안다. 지긋지긋하다가도 어느 순간 떨쳐낼 수 없다면 차라리 받아들이자는 긍정으로 돌아서는 것도 이 바람속이다. 그래서인가 그렇게 싫었던 찬바람도 한순간 얼굴에 와 닿는 감촉이 싫지만은 않다. 쏴하니 깨어있는 의식 같기도 하고 삶의 긴장 같기도 하다는 생각이 든다. 그리하여 나는 바람을 즐기며 가고 있다.

시계를 본다. 수업시간보다 5분이 더 흘러가 있다. 급하게 발걸음을 서두는데 신호등이 발길을 묶는다. 빨간빛 앞에서 사람들이 다음 신호를 기다리고 있다. 평소에는 생각 없이 다녔던 신호등이 오늘은 귀찮기까지 하다. 신호등은 우리 생활의 일부가 되어 거리에 나가면 수없이 만나게 된다. 나도, 사람도 마찬가지다. 그 신호에 따라 서기도 하고 가기도 한다. 초록색이면 가라는 것이고 빨간색이면 멈추어 서라는 것임을 모르는 사람은 없을 것이다.

그런데 수업을 마치고 집으로 돌아오는 사거리의 신호등이 황색점멸등으로 바뀌어져 있다. 가라는 것도, 멈추어 서라는 것도 아닌 스스로 알아서 잘 가라는 신호이다. 서서보니 차들은 난감해하지 않는다. 양보하고 기다려주면서 알아서 잘 가고 있다.

한참을 보고 있으니 이 점멸등은 차에게만 있는 게 아니었다. 지금 나의 신호등도 황색점멸등이었다. 가야 할 때 알아서 가고 서야할 때 스스로 설수 있어야 하는 나는 어머니가 나에게 그랬던 것처럼 아들에게 삶의 신호등을 잘 일러주어야 한다. 그리하여 아들이 어떤 신호등을 만나도 주춤하지 않고 건널 수 있도록 가르쳐주어야 한다.

3개월 후면 외지로 고등학교를 가는 아들이다. 내 곁을 떠나 혼자서 생활해야 한다. 아침에 깨워주고 밤에 간식을 챙겨주는 일이며 지금까지 내손길이 많이 가야했다. 학원도 자기의 의지가 아닌 나의 판단에 의한 것이었다. 이제 제 스스로 일어나야

하고 시간을 지켜 알아서 생활해야하는 아들이 너무 일찍 황색 점멸등을 만난 것 같아 마음이 잦힌다. 겨울이면 지독하게 악질인 아토피를 내가 받아들이듯이 아들도 이 신호등을 자신의 일상으로 잘 적응해주었으면 하는 것도 이 바람속이다.

어른인 나도 그 신호 앞에서 망설일 때가 많다. 때때로 가야 옳은지 말아야하는지를 몰라서 갈등할 때가 있다. 하물며 일찍이 그 신호를 만난 아들은 얼마나 헷갈려하고 많은 시행착오를 겪을 것인가. 잠시 생각하느라 망설일 때도 있겠지. 그러면 뒤에서 빨리 가라고 또 경적을 얼마나 울려댈 것인가. 그러다 당황하여 급하게 가다가 표지판을 못 볼 수도 있을 테지. 그냥 지나쳤어도 금방 잘못을 알아차려 미련을 두지 말고 다시 되돌아올 줄 알아야 할 텐데…….

한 그루로 온 숲을 이루는 반얀나무처럼 내 마음은 온통 한 가지 생각뿐이다. 아파트 베란다에서 밖을 내다본다. 도로의 황색점멸등만이 유난히 깜빡이고 있다.

(2005. 12.)

# 염주 알은 내 속을 구르고

우리 집 현관에는 달랑 두 켤레의 신발이 놓여있다. 세 켤레이던 것이 올해 들어 아들이 외지로 고등학교를 가면서 항공모함이던 운동화가 휑하니 빠져나갔다. 어쩌다 현관을 보면 썰렁하니 가슴까지도 허전해진다.

자식들이 다 떠나가고 남편마저도 먼저 간 분들의 외로움이 마음으로 짚어지는 것이다. 그들이 가족이 안 신는 구두며 슬리퍼를 일부러 내놓는다는 말을 들었을 땐, 그럴 수도 있겠구나 짐작만 했었다. 이렇게도 일찍 느끼게 될 줄이야 누가 알았겠는가 싶다.

부부만 둘이 있게 된 우리를 보고 신혼 같아서 좋겠다고 말하는 사람들이 있다. 애들 뒤치다꺼리를 안 하게 되어 얼마나 홀가분하고 편하냐며 나를 부러워하는 이들도 있다. 자기는 애들에게서 언제나 헤어나느냐고 푸념하는 그들이 나는 오히려 부럽다. 그것이 행복임을 그들이 알 리가 없으니까 말이다.

관심을 써주어야 할 때가 얼마나 좋았는지 모르니 하는 소리다. 내 눈에 보일 때는 어디가 아픈지, 힘든지 알아서 챙길 수 있었지만 볼 수 없는 지금은 마음의 걱정이 더 늘었다. 잠자리에서의 기도시간도 몇 배 길어진 것이다.

나는 자신에 대한 반성으로 한없이 겸손해져서야 비로소 아들을 향한 기도의 염주 알을 돌린다. 아픈데 없이 많이 힘들어하지 않고 잘 적응하기를 바라는 올림이다. 자신이 후회하지 않도록 공부하는 과정에서 최선을 다하고 그만큼 결과도 따라주기를 염원하는 기도를 매일 똑같이 드린다.

이런 데는 그 일에 정성을 다하고 온 마음을 다해 원한다면 이루어진다는 생각이 내겐 지배적이기 때문이다. 그렇기에 아들에게 온전히 마음을 기울이고 열중하는지도 모른다. 마음을 다 주면 그것이 통한다고 보는 게 지금까지 매 한번 대지 않고 큰소리 내지 않고 키운 내 방식이라고나 할까.

"연금술사"란 책속에서 만난 자아의 신화라는 이야기는 바로 나에게 주는 천상의 메시지였다. "이 세상에는 위대한 진실이 있어, 무언가를 온 몸을 다해 원한다면 반드시 그렇게 된다는 거야. 자네가 무언가를 간절히 원할 때 우주는 자네의 소망이 실현되도록 도와준다네." 내 생각과 꼭 일치하는 말을 만났다. 오랜만에 만난 친구보다도 더 반가움이 컸다. 글 한 구절이 이리도 큰 감동을 줄 줄이야.

머리맡에는 늘 염주가 있다. 도시아이들과 지식겨루기를 하느라 힘든 아들을 위한 기도로 손에 들려진다. 번뇌를 없애기보다는 아들을 향한 자아의 신화를 담는다. 엄마의 가득한 이 염원이 아들에게 닿기를 바람이다.

힘없이 걸려온 아들의 전화를 받은 날은, 염주만이 한 알 한 알 내속을 훑으며 시계추처럼 밤새 끊임없이 오간다. 오늘은 밤을 새고도 남는 날이다.

(2006. 10.)

# 선장과 그 아내

나는 청소부의 아내이다. 그는 얼마 전까지 신문사의 기자였다. 와이셔츠를 즐겨 입고 구두를 신던 사람이다. 또한 세상일 앞에 두려울 것이 없는 펜대의 힘을 누리며 먼저 고개 숙이기보다 상대방이 수그리고 들어오는 것을 당연하게 생각했다. 그에게 있어서 기자라는 직업은 집안의 힘든 사정도 외면하면서까지 지켜야했던 자존심이라고 여기는 사람이었다.

그렇게 고집하는 자존심에 나의 16년 세월이 억울함에 저당 잡혔다. 혼자서 고민하고 스스로 집안 살림을 꾸려나가면서 숨이 막힐 듯 불안이 밀려 올 때도 고스란히 내 몫이었다. 어깨의 짐이 무거워 버거울 때도 나눌 사람이 없어 나는 혼자여야만 했다. 여느 주부들이 대부분 받는 남편의 월급봉투가 부러워 원망도 함께 쌓은 시간이었다. 누르고 누르다가 북받쳐서 터지면 다툼이 되었다. 가장으로서의 책임감을 내세워 그이를 공격해 보지만 자존심의 갑옷을 입은 그이는 화살 하나도 박히지 않았다. 그럴 때마다 내 힘만 빼놓고 싸움에서 이긴 기세당당한 장수가 되었다. 한 번도 이겨보지 못한 패잔병은 그이와의 믿음의 성을 하나씩 허물어뜨리며 후퇴하곤 했다.

언제까지 이렇게 살아야 할지. 막막한 물음은 공명되어 온몸을 타고 울릴 때마다 내게 눈물은 부드러운 위로가 되었다. 한바탕 서글픔이 쓸고 지나가면 아무렇지도 않은 듯 다시 하루를 시작해야 했다. 주저앉고 싶어도 또 다시 일어날 수 있는 힘은 내가 엄마라는 것이었다. 승산이 없는 싸움에 포기와 체념으로 무장하고 보니 내 나이가 불혹고개를 넘고 있었다. 그이로 하여 울기보다 이 싸움에서 만큼은 철저히 혼자가 되기로 한 것이다.

어느 날, 폭탄 발언이 떨어졌다. 그이가 청소 일을 시작하겠다고 통보하는 것이었다. 나는 반대를 했다. 여태 둘렀던 자존의 갑옷을 어떻게 벗어던지고 그 일을 한단 말인가. 어찌 보면 청소는 가장 밑바닥에서 시작해야하는 일이다. 스타일도 구겨지고 마음을 다치기도 할 것이다. 도저히 그이가 잘 해낼 것 같지가 않았다. 성질을 누그러뜨리고 지금까지의 자신을 버려야하기에 나는 못미더워 자꾸만 말렸다. 그러나 나의 반대는 허사였다.

이제 막 "버블그린"이라는 이름을 달고 항해를 시작한지 한 달이다. 험한 바다를 건너야하는 모험인 셈이다. 예기치 않은 날씨가 앞을 막을 수도 있고 파도와 해일을 만나 당황하는 때도 있을 것이다. 하지만 나는 용기를 싣고 출항을 한 버블그린호의 선장에게 오랜만에 신뢰가 간다.

그가 요즘은 작업복을 입는 날이 많다. 장화를 신고 걸레를 드는 날이 늘어난다. 남들에게 고개를 숙이는 날도 잦아지고 있다. 일이 들어온 첫날은 오기로 한 일꾼이 약속을 지키지 않아 다른 이를 구하느라고 애먹었다고 했다. 며칠 뒤에 있던 계단청소는 수압이 약해 그걸 해결하느라 힘들었다며 지친 얼굴을 했다. 그 이야기를 들어주는 나는 월급봉투를 받는 것보다 더 벅찼다. 남편의 월급봉투를 받으면서 살고 싶은 내가 이룬

것도 아닌데 말이다.

토요일 날 일이 들어왔다. 그이는 등산도 미룬 채 아침부터 아파트 청소를 나갔다. 나도 집에서 편히 있을 수 없어서 따라 나섰다. 청소가 별게 아니지 싶어 가벼운 마음이었다. 몇 시간이면 끝이 날 줄 알았던 내 시행착오는 오후 여섯시가 되어서야 마무리가 되었다. 손을 대면 댈수록 닦으면 닦는 대로 일의 양은 줄지는 않고 늘어가기만 한다. 아무리 해도 표가 나지 않는 작업이다.

그이의 옷은 흠뻑 젖었다. 목욕탕 청소하느라 축축해진 옷이 노드리듯 흐르는 땀에 물을 잔뜩 먹었다. 힘들다고 게을리 하지 않고 열심히 유리를 닦고 있는 그이가 내게는 자신을 닦고 있는 듯 보였다. 보기에만 좋았던 허울을 하나씩 벗겨내고 있는 것처럼 보였다.

힘들어도 힘든 줄 모르겠다는 그이는 무슨 일이 있을까하는 기대로 내일이 기다려진다고 한다. 얼마 만에 만나는 희망의 얼굴인가. 그이에게도 저런 표정이 있었는가 싶다. 어떤 수고의 말보다도 그이를 향한 고마움이 마음 가득 차오른다. 저당 잡혔던 긴 시간의 내 억울함이 훨훨 자유로워짐을 느끼는 하루다.

나는 그이에게 삼배三拜를 한다. 이 절은 교만한 마음을 버리고 자기 자신을 낮춰 상대방을 공경하겠다는 다짐을 몸으로 나타내는 일이다. 스님들 중에는 가족끼리의 삼배를 나누는 법공양을 권하고 있다. 주위에 있는 사람들이 모두가 부처님이라는 것이다. 가장 가까이 있는 가족에게 "나가떨어질 때까지 삼배를 하라"는 가르침의 기도이다. 그 기도를 청소 다녀온 오늘 시작한다.

그이가 피곤에 지쳐 잠자고 있는 방 앞에서 절을 한다. 낮에 본 그이의 모습이 문 앞에 투영된다.

'고맙습니다'
'감사합니다'
'사랑합니다'

가슴 밑바닥으로부터 서서히 올라오는 이 뭉클함은 실로 오랜만에 느껴보는 먹먹함이다.

저만치 하얀 포말을 일으키며 멀어져가는 버블그린호. 수수러진 고물대에 젖은 불빛이 매달려 따라가고 있다.

(2011. 7.)

# 초록빛 고요

'어머나' '아기 새가 되었네.'

신선한 충격이었다. 놀라움에 온몸으로 흥분의 파장이 일었다. 다섯 마리가 머리를 간신히 쳐들고 아직 눈도 뜨지 못한 채 꼬물거리고 있었다. 날마다 새끼를 기다리느라 둥지를 들락거린 지 보름 만이다. 알을 깨고 나온 새끼와 온 몸으로 품었을 어미의 노고가 어린 새에 투영되어 눈시울이 뜨거워졌다. 제 몸을 가누기가 버거운지 픽픽 쓰러지는 모습이 앙증맞기까지 했다.

이 녀석들과의 만남은 우연히 우체국 울안에 있는 두릅나무에서 새집을 발견하면서부터였다. 아주 정교하고 섬세하게 지어진 집이었다. 일류 건축가의 솜씨라고나 할까. 이렇게 짓기까지는 꽤 많은 시간이 필요했을 터인데 나는 전혀 눈치를 채지 못했으니 어미의 조심성이 놀랍기까지 했다. 주인이 없는 사이 그 안을 들여다보니 텅 비어 있었다.

다음날부터 궁금증이 생겨 그곳으로 발길이 닿았다. 어느 날, 신기하게도 한 개의 알이 들어 있었다. 푸른빛을 띤 작은 알이다. 예뻐서 핸드폰에 담아 두기 시작한 다음 날엔 하나가 더 불어나 있었고 이어서 세 개가 되었다. 둥지에다 온갖 마음을 쓴 휴일이 지나고 가보니 거짓말처럼 다섯 개가 놓여 있었다. 바다색을 한 알들이 오르르하다. 하룻밤만 자고나면 늘어나는 알을 보는 나는 마법에 걸린 사람처럼 온통 그곳에 생각이 가 있었다.

이제 알은 여기서 멈추었다. 이제나 저제나 알에서 깨어나기만을 기다렸다. 날마다 확인을 해보아도 새끼가 나올 기미가 없었다. 자주 드나드는 나의 발소리에 놀라 어미가 화들짝 놀라 달아났다. 이때 처음으로 작은 몸짓의 어미를 보았다. 인터넷을 빌려서 알아낸 붉은머리오목눈이였다. 내가 보금자리의 알을 해칠 새라 주위에서 떠나지 못하고 있는 게 미안해서 얼른 돌아서곤 했다.

열흘이 지나도 둥지에는 아무런 변화가 없었다. 조바심이 났다. 언제 새끼가 될지 모르는 기대로 기다리는 시간은 왜 이리 지루하던지. 다시 주말을 보내고 와 보니 아기 새들이 집안 가득 들어차 있는 게 아닌가. 드디어 껍질을 깨고 모습을 보인 것이었다. 기특했다. 어미를 애타게 할 수 없어 하루에 한번만 보기로 했다. 발의 숨소리를 줄이고 가만가만 들여다보는 일은 나의 일과가 되어 갔다. 볼 때마다 서로 뒤엉켜 집안 깊숙이 들어앉아 있었다. 덩치가 조그마해서인지 소리도 작았다. 다섯 마리의 재재대는 소리가 작은 숲을 울리고 있었다.

비가 오는 날 아침에 새가 걱정되어 살피러 갔다. 비를 흠뻑 맞아서 젖기라도 하면 어쩌나하고 마음을 졸이며 간 나에겐 헛된 걱정이었다. 나를 기다리기라도 하듯이 모두 둥지 입구에 오로로 올라와 있었다. 새로운 변화였다. 이것이 어미에게서 먹이를 가까이 더 빨리 받아먹으려는 계산인줄 짐작했었다.

오늘도 제일 먼저 잰걸음으로 새집에 들른다. 헉, 빈집이다. 어느새 다 날아가고 없다. 나를 반겨준 게 아니라 떠날 채비를 하고 있었던 것이었나 보다. 이렇게 빨리 떠날 줄 몰랐다. 마지막 인사를 이런 식으로 할 줄이야. 달포동안 나의 일상이었던 일이 갑자기 없던 일이 되어버린 지금, 무언가를 잃어버린 양 허전하다.

날아간 새는 어미가 품은 지 보름 만에 새끼가 되고 열흘 만에 집을 떠났다. 어미의 보살핌이 고작 열흘인데 날아간 순간부터 혼자 살아야하는 시간이 더 길 것이다. 스스로 먹이를 잡는 법도 익혀야하고 위험으로부터 자신을 막을 수도 있어야 한다. 때로는 둥지가 그리울지도 모른다. 자식도 마찬가지다. 엄마의 품안에서보다 결혼이라는 이름으로 그 품을 떠나와 사는 시간이 훨씬 많다. 아들을 보더라도 고등학교 때부터 집을 나가서 살았으니 겨우 나와 산 시간이 얼마 되지 않는 셈이다.

큰집 조카가 새로운 가족을 꾸미려 한다. 형님은 아들을 장가보낼 생각에 마음이 착잡한가 보다. 일이 손에 잘 잡히지 않는지 안절부절 못하고 있다. 무얼 먼저 해야 하는지, 어찌 준비를 해야 하는지 불안해한다. 외지에서 살았는데도 아주 떠난다는 느낌인가 보다. 딸 못지않은 다감한 아들이어서 더 마음이 공허하리라. 키가 작아서 걱정하며 장가만가면 춤을 추고 동네를 돌아다니겠다던 형님이었다.

딸을 시집보내는 엄마마음은 애틋하게 드러나 있다. 이별해야 한다는 아쉬움은 이미 딸로 태어나면서부터 당연시 된다. 준비 아닌 준비를 조금씩 하게 되어 덜 서운할 수도 있다. 그러나 아들을 장가보내는 마음은 밖으로 튀어나와 있지 않고 속으로 억눌려있다. 펴지 못하고 짓눌러진 감정이기에 더 깊은 곳에서 섭섭함이 우러나는지도 모른다. 그래서인가 아들 결혼식에서 우는 사람들도 있다고 한다.

한동안 지켜보던 새가족이 떠난 것도 이리 서운한데 하물며 새끼가 내 울안에서 빠져나가는 일에 비하랴. 형님도 그런 복잡한 마음이리라. 나는 알면서도 형님께 좋게 마음먹으라며 내

면의 고요를 강요하고 있다. 거기에 배필을 만나지 못해 속이 상했을 때를 끄집어내어 아픈 현을 건드리면서 말이다.

두릅나무 숲이 조용하다. 한차례 소요가 지나간 숲에 다시 고요가 찾아왔다. 소소한 바람이 싱겁게 나뭇가지를 흔들고 지나며 빈 둥지를 건드린다. 그 둥지위로 형님얼굴이 내려앉는다.

(2013. 7.)

# 제 모습을 보일 때

어느 날 아침, 아파트의 창문으로 활짝 핀 목련이 불쑥 들어서고 있다. 봄을 가슴 가득안고 거실 안으로 사풋사풋 나비춤을 추고 온다. 하얀 버선발을 사푼 내디디며 한바탕 춤사위를 풀어놓으면 뒤질세라 이어 터지는 꽃망울들. 개나리도 진달래도 춘무春舞의 대열에 끼어든다. 꽃들은 용케도 제가 필 때를 알아서 피고 있다. 자연의 섭리를 어기지 않고 피어날 때를 알고 질 때를 안다.

국회의원 선거로 떠들썩했던 요즘이다. 상대방의 단점을 캐내어 서로 할퀴고 물어뜯고 자신의 장점만을 내세우면 좋으련만 경쟁자를 비방하는데 더 열을 올린다. 내겐 국민들에게 자신을 어필하기보다는 경쟁자와 싸우느라 더 바빠 보였다. 상대의 약점을 드러내서 내 약점을 감추느라 급급하다. 법적 선거유세기간인 13일은 짧은 시간이다. 나는 이런 사람이노라 알리기에도 부족한 시간을 남의 이야기에만 다 쏟으면 국민들은 누구를, 무엇을 보고 선택하라는 것인지 모르겠다.

그렇기에 국민들은 선거에 대해 관심을 두지 않는다. 누가 나왔는지도 모른다. 모든 시험이 60점을 넘어야 합격이지만 이번 20대 총선은 전국평균 투표율이 58%에 지나지 않았다. 단지 귀찮아서 투표를 하지 않는 게 아니다. 그들에게서 받아온 실망 때문이지 싶다. 공약은 약속이 아닌 반짝 구호에 불과하니 그럴 수밖에 없다. 지난 19대 보다는 조금 오르긴 했지만 갈수록 선거의 참여율이 낮아지는 것에 대해 정치인들은 반성을 해야 하지 않을까.

이제, 남이 아닌 내가 주체가 되어 나를 알리는 유세를 듣고 싶은 것이다. 공약은 내세우기위한 외침이 아닌 지켜야하는 국민과의 약속이다. 그걸 지키려고 노력하는 정치인의 모습이 아쉬운 것이다. 선거 때만 잠시 동안의 을乙이 되는 후보가 아닌 선거가 끝난 뒤에도 국민들을 갑甲으로 대우해주는 사람을 보고 싶은 것이다.

꽃이 피고 지듯이 사람도 나설 때와 물러날 때를 알면 얼마나 좋으랴. 현재 그 위치에 있는 사람은 내려오지 않기 위해 새로 올라가려는 사람은 올라서려고 야단법석이다. 정치인들은 정년이 없다지만 6선 7선을 해도 자꾸만 더 욕심을 부린다.

김옥길여사가 이화여대 총장으로 있을 때 갑자기 사표를 냈다고 한다. 주위에서는 간절히 말렸으나 굽히지 않았다. 누군가가 사석에서 그 이유를 물었더니 언제부터인가 내게 바른말을 해주는 사람이 미워지고 싫더란다. 비난이 아니라 비평을 하는데도 싫다면 내가 무엇인가 잘못되어 가고 있는 게 아닌가. 지금이 바로 물러나야 할 때구나 해서 그만두었다고 했다고 한다.

이 얼마나 용기 있는 낙화인가. 열어놓은 창문 틈으로 끌려들어온 바람이 이병기님의 "낙화"를 온 집안에 낭랑한 낭송으로 풀어 놓는다.

"가야 할 때가 언제인가를 분명히 알고 가는 이의 뒷모습은 얼마나 아름다운가……."

이 봄, 자연이 역행하지 않고 제 모습을 보여 주듯이 유권자는 정당한 유권자의 권리를 찾아야 한다. 또한 정치인은 정치인의 진정성을 보여주어야 한다.

각자의 자리에서 제 모습을 보여주어야 할 때다.

(2016. 4.)

# 파레트

"후~" 죽은 나무에 바람을 불어넣어 준다. 마법의 바람이다. 이 바람은 그이의 손끝에서 나온다. 손을 한번 거치면 쓸모없어 널부러진 나무에 생명이 살아난다. 마치 마법의 주문을 걸은 것처럼 테이블이 탄생하고 벤치도 생겨난다. 화분도 되었다가 그네도 된다. 눈부신 변신이다. 이 은밀한 작업장은 농막이다. 주말에만 가는 나로서는 파레트의 상상할 수 없던 다른 모습에 감탄한다. 신기한 일이다.

쓰임새가 없어진 나무였다. 쓰여 질대로 다 쓰여 지고 버려진 나무였다. 한때는 어느 지게차의 물건을 실어 나를 때 깔판으로 사용되던 것이었다. 어쩌면 물건을 쌓아놓느라 밑받침으로도 쓰였을지도 모른다. 없어서는 안 될 필요한 구조물이 다 쓰이고 나니 가차 없이 버려진다. 그 깔판이 어느 날부터 하나 둘씩 농막에 쌓이기 시작했다. 무엇에 쓰려고 하는지 가늠이 되질 않았다. 아마도 겨울에 땔감으로 쓰일까 짐작으로만 더듬고 있었다.

공사판에서 더 이상 필요하지 않게 된 파레트가 무한한 변신을 하게 된 데는 그이를 만난 덕분이다. 파레트가 잘려지고 못질을 거쳐 그라인다로 매끈해진다. 그 위에 페인트가 입혀지면 작품이 된다. 아니 예술품이다.

가만히 그 작업을 지켜보노라면 죽었던 나무에 혼을 담는 일이다. 손놀림이 장인의 느낌이다. 실수해서는 안 된다. 꼼꼼히 따지고 잘라야 한다. 서로 맞지 않아 고생을 하고 맞물리지를 않으니 크기를 재는데도 여간 신중한 게 아니다. 저토록 진중한 모습은 설계사무소 다닐 때 설계를 하면서 본 이래로 처음이다. 못 쓰는 자재에 생명을 불어넣는 작업이 어디 정성이 없으면 가능한 일이겠는가.

거기에 꽃이 심겨지면 꽃밭이 되고 채소를 심으면 채마밭이 되는 것이다. 꽃도 살아나고 휴식의 공간이 생겨난다. 그중 내가 제일 좋아하는 건 그네다. 둘이 앉아서 차를 마시는 곳도 책을 들고 앉는 곳도 여기다. 귀에 이어폰을 꽂고 자리를 잡는 장소이기도 하다.

마술사의 손 같다. 재물이 계속 나온다는 화수분처럼 새로운 작품이 자꾸만 나오는 손. 뚝딱하고 만들어져 나오는 화수지河水指인 셈이다. 사물이든 사람이든 누구를 만나느냐에 따라 삶이 많이 좌우된다. 외면당할 물건도 한 사람의 손을 빌어 멋지게 새로 태어나는 경우가 있고 어떤 사람을 만나 한 사람의 인생이 바뀌기도 한다. 화려한 부활이 될 수도, 굴레가 될 수도 있다.

나도 그이의 손에 맡겨지면 아름다운 여인으로 변신될 수 있을까. 처음 글을 쓰기 시작한 것도, 나라는 이름이 정착하는 데도 그이의 그늘 밑이었다. 사람들에게 내 개인의 이름보다도 누구의 아내로 인지도가 있었으니까. 어쩌면 나도 그이의 손길이 미처 새로이 태어날 수 있었는지도 모른다.

다른 사람이 내 곁에 있었다면 이런 모습이 아닐 수도 있다. 수필가라는 이름도 얻지 못하고 이십 오년을 한 직장에 다니는 커리우먼이 될 수 없었을지도 모른다. 아들을 남들이 부러워

할 정도로 키우지 못했을 수도 있다. 지금 현재의 내 삶에 만족한다는 것이 얼마나 큰 소득인가.

오늘도 밖에선 뚝딱뚝딱 망치질이다. 저 바쁜 손에서 무엇이 나올까 궁금해진다. "타카 타카" 들려오는 마법의 주문. 못총 박는 소리가 경쾌하다.

(2017. 5.)

# 사막의 현絃

몽골의 고비사막에 마두금馬頭琴 소리가 울려 퍼진다. 애절하면서도 은은한 초원의 바람소리처럼 들린다. 이 연주에 낙타가 눈물을 흘리고 있다.

출산 후 고통이 너무 심하여 새끼를 거부하는 어미다. 젖을 물려는 새끼를 발길질하며 피하는 낙타. 어미의 차디찬 외면으로 이리 차이고 저리 차이는 모습에 지켜보는 이들도 안타깝다. 그런 어미를 달래주고자 들려주는 곡이다.

사고로 어미가 죽은 또 다른 새끼가 울고 있다. 이렇게 오래도록 굶주려 내버려두면 굶어죽을 수도 있다. 제 새끼가 아니면 절대 젖을 물리지 않는 낙타다. 이 연주를 들은 낙타가 눈물을 보이고 거짓말처럼 새끼를 품는다. 또한 모성이 대단한 철옹성 같던 어미의 본능을 여지없이 무너뜨리기도 한다. 제 어미의 젖인 양 매달려 빨아대는 남의 새끼를 순순히 받아들이는 것이다. 이 광경을 바라보는 몽골인들의 뺨에도 눈물이 흘러내린다.

세계테마기행으로 방영된 이 장면은 진한 감동으로 남아있다. 낙타를 울리는 마두금은 마음을 움직이는 마력이 있는 악기다. 나무와 가죽으로 만든 몽골의 민속악기로 몸통 위쪽 끝에 말머리장식이 있는 두 줄의 현악기다. 구슬프고 부드러워 우리의 해금과 닮아있다. 왼손으로 현을 누르고 오른손으로 활을 당겨 말총을 현에 마찰시켜 소리를 낸다.

낙타는 수줍음을 많이 타고 민감한 동물이다. 낙타가 하는 일은 사막을 건너는 일이다. 모래바람을 헤치고 타들어가는 목마름을 이겨내며 짐을 실어 나르고 사람을 태워 다니는 삶이다. 사막에서의 악조건을 참아내며 거기에 적응하는 낙타는 얼마나 지혜로운가. 물을 몸에 비축하고 등에 있는 혹에 지방을 축척해 놓는다. 좁고 길게 찢어진 콧구멍과 긴 눈꺼풀과 속눈썹은 모래바람으로부터 자신을 보호한다.

낙타를 보면서 나도 어느 사막에서 헤매고 있는 착각에 빠진다. 인생이 사막이라고 느껴질 때가 있다. 목이 말라 늘 갈증이 생기고 더위 같은 고통으로부터 힘들게 견뎌야하는 사막일 때가 많다. 또 다른 사막을 가고 있는 나는 어떤가. 한꺼번에 물을 다 마셔버리고 금방 목이 말라 어쩔 줄 모른다. 그리고는 오아시스가 나타날 것이라 믿는다. 황량한 모래언덕의 망망대해에서 신기루라는 헛된 꿈을 꾸고 있다.

나는 등에 나 있는 낙타의 혹이 왠지 안쓰럽다. 짐을 하도 지게해서 생긴 굳은살 같기도 하고 아파서 불어난 혹처럼 보여서 측은하다. 어쩌면 나의 혹을 보고 있는지도 모른다. 혼자서 사막을 걷는 일이 힘들어서 부르튼 그 혹이 아프고 욱신거릴수록 자꾸만 낙타가 가여워지는 것이다.

사막은 가보지 않은 나에겐 미지의 세계다. 그 곳은 바람이 부는 방향대로 모래의 결이 만들어진다. 앞을 모르는 길이다. 내가 향하는 대로 무늬가 그려지는 인생 또한 사막과 같다. 낙타가 사막을 받아들이고 슬기롭게 건너가듯이 나 또한 거친 사막의 모래바람을 잘 이겨내야 하리라.

바로 발자국을 지워버려 앞에 지나간 사람도, 뒤에 따라오는 사람도 없는 아득한 벌판을 걸어간다. 생떽쥐베리는 사막이 아름다운 이유는 어딘가에 오아시스를 품고 있기 때문이라고 했다. 그 삭막한 길 위에서 지칠 때마다 마두금 연주를 들려줄 사람이 있으면 얼마나 좋을까. 그 사람이 나에게도 사막이 아름다운 이유가 되지 않을까.

(2017. 9.)

# 4

# 내안의 물리학

## 4부. 내안의 물리학

# 토마토

"해 뜨는 집"이란 이름은 내가 직접 지은 우리 집이다. 지금 살고 있는 아파트에서 30분 거리의 진천 홍개에 있다.

주말이면 조그만 짐 꾸려 소풍가듯이 가곤 한다. 가을이 되면서 주말을 자주 거르고 못 가게 되었다. 이유가 많이 생겨서이다. 그럴 때면 집이 궁금해서 안달이다. 어쩌다 그이가 잠시 들러보았다고 하면 질문이 많아진다. 집은 잘 있는지, 푸새는 많이 올라 왔는지, 어디 고장난데는 없는지. 그렇게 소나기 퍼붓듯 쏟아낸다.

그 집이 어떻게 되기야 하랴마는 언덕위에 우리 집 한 채만 덜렁 있으니 마음이 놓이질 않는 거다. 자주 가지 못하는 나로서는 아직 이웃이 들어서지 않아 불안한 거다.

그런 조바심이 다른 일 다 미루어내고 그 곳에 가게 하였다. 전에 보던 모습이 아닌 가을풍경으로 서 있다. 푸르던 잔디는 누렇게 변했고 초록의 화초들도 서리에 패잔병의 모습이다. 고개를 떨군채 주저앉아 있는 모습이 사형선고 받은 죄수 같다.

커다란 키에 바짝 말라 간신히 제 몸을 버티고 서 있는 옥수수가 머리는 가득 차 무거우면서 글로 풀어내지 못하는 나를 보는 듯하다. 하고 싶은 말이 입안에 가득한데 한마디도 말이 되어 나오질 않는다.

얼마 전까지만 해도 옥수수는 건장한 체구에 지나는 바람을 비웃었으리라. 나도 그랬다. 처음 내게 손님이 찾아왔을 땐 너무 기뻐 손님접대에 열중이었다. 차대접이며 식사대접에 잠자리까지 봐드리며 아무 생각도 할 수 없으리만치 바빴다. 어디 아픈 곳은 없는지, 불편하지는 않는지 살피느라 정신을 차릴 수가 없었다. 나를 찾아 왔다는 것만으로도 벅찼으니까.

그러나 그것도 잠시. 시간이 흐를수록 그 손님이 부담스러워지는 것이었다. 어떻게 대해야 할지, 무슨 말을 건네야 할지 점점 힘들고 어려웠다. 작은 바람에도 몸을 뒤트는 깡마른 옥수수는 중심의 무게를 잃고 휘청대는 그 분 앞에서의 내 모습이었다.

그런 내게 간신히 대궁을 올리고 줄기의 잎조차 버거워 보이는 난쟁이 식물이 보였다. 눈에 띈 게 신기하리만치 작은 토마토 도사리였다. 누가 심은 것도 아닌데 잔디의 억센 뿌리 틈에 비집고 들어가 심지를 박고 용케도 서리에 견디고 있었다. 그 처절한 인내가 나를 붙들고 놓아주지 않아 화분에 옮겨 심었다.

조금 지쳐 보이던 토마토는 물을 주자 생기를 되찾아 아파트로 이사를 왔다. 한동안 키만 멀쑥하게 크더니 낯선 환경에 놀랐는지 노란 떡잎이 져서 나의 처방전에 의해 영양주사를 투여했다. 그 덕분인지 일주일이 지난 오늘, 노란 종 같은 꽃을 달았다. 벌써부터 나는 저속에 품고 있는 토마토를 보고 싶어 한다. 꽃이 진 자리에 잉태될 토마토를 기다린다.

토마토는 겉과 속이 똑같다. 겉이 파라면 속도 파랗고 겉이 붉으면 속도 붉어서 익었는지를 쉽게 알 수 있다. 그러나 수박은 아무리 두들겨도 보고 세로선의 선명함도 살피지만 그 속을 알 수가 없다.

그저 보여지는 모습 그대로밖에 볼 줄 모르는 나. 부드러운 살 속에 커다란 씨를 숨기고 있음을, 초록의 껍질 속에 그토록 빨간 속살을 숨기고 있음을 나는 짐작하지 못한다.

시원하지도 달지도 않아 맛은 없지만 나는 자기 색깔 그대로를 표현하는 토마토이고 싶다. 나를 방문해주신 글 손님께도, 내게 주어진 인생여정도 '토마토. 나는 너를 닮고 싶구나'

내 안에 토마토 한 포기를 심는다.

(2001. 11.)

# 다림질

전주 이씨의 아들만 셋인 집에 딸이 태어났다. 나의 탄생은 경사스런 일이었던 것이다. 재在자 돌림을 따서 곧으라는 뜻으로 정貞자를 붙여 이름을 지어 주셨다. 어려서는 이름보다는 아버지의 함자 뒤에 누구의 딸로 불리여졌고 누구의 동생으로 불리어졌다.

직장생활을 하면서 한때 '미스 리'로 바뀌더니 누구의 아내, 누구 엄마로 호칭이 바뀌었다. 시시각각 변하였지만 정작 나의 이름은 많이 쓰여 지질 않았다. 여자라서 그럴까. 사람들이 어머니를 부를 때에도 오빠의 이름을 붙여 "재흥 엄마"로 불렀다. 결혼하고 나서 직장을 다니고, 글을 쓰면서 내 이름을 반갑게도 만날 수 있었다.

그리고 또 다른 나의 호칭은 주부다. 난 이소리가 생선가시 목에 걸린 듯 영 불편하다. 건성주부이기 때문이다. 부엌에서의 칼질이 서툴러 손 베기가 일쑤인데다 솜씨는 또 어떤가. 요리솜씨는 엉망이고 수를 놓는 솜씨 또한 더더욱 가관이다. 그림을 잘 그리는 것도 아니요. 도무지 야무진 구석이라고는 하나도 없는 거다. 활달한 성격도 아니건만 나는 왜 이 모양인지 모르겠다.

주부로서의 내가 할 일은 너무 많다. 밥 짓는 일, 청소, 빨래 그리고 다림질이 그것이다. 그중 제일 싫어했던 일은 다림질이다. 한국의 주부에게만 있다는 화병火病이 다리미의 열기로 하여 더 화끈거린다. 바지 줄 세우는 일은 고역이다.

그러나 언제부터인가 다림질은 나를 다스리는 수행법으로 여겨졌다. 힘이 가하여지는 만큼 줄이 선명해짐은 노력의 양으로 비춰지고, 조금만 한눈을 팔면 두 줄이 됨은 잡념을 버리고 정도正道를 걸으라는 채찍으로 왔다. 쓸데없는 생각이 많은 날은 번쩍 정신이 들게 하는 질타가 내려진다. '앗 뜨거워' 각성의 소리다.

한눈팔지 않고 다림질에만 몰두해야 바지의 선은 곧고 반듯하다. 이름처럼 살라는 어머니의 말씀이 거기에 있어 꾸깃꾸깃하던 옷이 펴지듯 구겨진 마음도 제자리를 찾아간다. 다림질은 흐린 날이 제 격이다. 구김도 잘 펴지고 줄도 더 잘 선다.

여름더위가 기승을 부린 오늘, 한차례 시원한 소나기를 기대해본다.

(2003. 2.)

# 온몸으로 보여주는 설법

사월의 대나무 숲은 봄빛이다. 초록 물을 먹기 시작한 연한 빛이다. 숲에서는 햇빛을 받은 잎들이 수면위의 물비늘처럼 반짝인다.

대나무 앞에선 모두 난장이가 된다. 곧은 큰 키와 쭉 뻗은 몸매는 아무도 대적할 이가 없다. 그저 나는 기가 죽을 뿐이다. 더구나 저 키는 십 수 일에 자란 것이라고 하니 얄밉기까지 하다. 각 마디에 있는 생장대에서 일제히 세포성장이 일어나 동시에 마디 수만큼 크기 때문이라고 한다. 나무는 생장점이 가지 끝에만 있다. 그러나 대나무는 마디마다 가지고 있어서 한꺼번에 키를 키우게 되는 것이다.

나무로 빽빽한 숲은 햇빛이 새어들지 못한다. 바람도 불어 들어올 틈새 길을 못 찾는지 꼭대기의 잎만 흔들어 놓는다. 멈춰 서서 눈을 감는다. 나는 잠시 명상 속으로 빠져든다. 몸의 감관을 다 열어놓으니 웅성대는 사람들의 소리 문이 닫히고 잎들의 귓속말에 귀가 열린다. 겨우내 찾아주지 않던 숲에 사람들이 찾아와 반갑기라도 한 걸까. 마치 나무들이 달떠서 수선 피우는 소리가 들리는 것 같다.

생각을 내려놓은 무방비 상태였다. 내게는 잠시의 샛길 여유도 사치였나 보았다. 뒤에서 벼락같은 손이 내 등을 내리쳤다. 무슨 생각을 하느냐며 갑자기 날아온 그이의 손은 사색의 졸음에서 퍼뜩 깨게 했다. 졸다가 죽비에 얻어맞은 수행승모양 놀라는 모습을 보고 미안한지 변명하기에 바쁘다. 일행들과 거리가 멀어져서 한 눈 팔지 말라고 등을 쳤다는 것이다.

우리는 발길을 서둘러 일행 속으로 들어갔다. 담양에 사는 이들의 안내로 오게 된 대나무 테마공원은 사람들에게 널리 알려져 있는 곳이다. 드라마나 영화에도 많이 등장하고 사진작가들에게도 매력적인 곳으로 인기가 많다. 공원을 한 바퀴 도는 데는 1시간이 걸린다. 반쯤 돌았을 때 점심때가 되었다. 여기까지 와서 당연한 것이라며 죽통밥과 죽순회가 메뉴로 정해졌다.

대나무 밑에 사방으로 나있는 죽순이 보인다. 저렇게 작은 죽순이 자라서 대나무가 되다니 놀랍기만 하다. 키가 작은 나로서는 저 키가 며칠에 다 큰다는 것이 부럽다고 하자 일행 중 한 사람이 손사래를 친다.

죽순이 나무가 되는 데는 얼마 걸리지 않으나 밖으로 나오기까지 땅속에서 5년을 기다려야 한다고 했다. 그 갑갑한 시간을 견디는 동안 세월을 초연하게 되었나보다. 나이를 알 수 있는 나이테가 없으니 말이다. 나이테를 만드는 부름켜라는 세포를 가지고 있지 않기 때문이다.

이제 더 이상 대나무는 선망의 대상도, 얄밉지도 않다. 고된 수행의 모습으로 새롭게 비쳐진다. 자신의 속을 비우며 겉이 단단해지는 과정은 진정한 수행의 모습이었다. 때로는 곧은 몸을 바람 앞에서 휠 줄도 아는 부드러움의 지혜도 가지고 있다. 아버지가 돌아가시면 상주는 대나무 지팡이를 짚는다. 자식을 기르느라 속이 빈다는 의미에서라고 한다. 대나무의 힘든 생장을 말해주는 것이기도 하다.

문득 나에게는 글을 쓰는 일이 수행의 일부가 아닐까 싶다.

금방 튀어나올 것 같으면서도 나오지 않는 단어 하나 때문에 붓방아만 찧어대는 일이 다반사다. 한 가지 생각에 며칠 째 매달릴 때는 인내를 요구하는 일이다. 글 타래가 잘 풀리지 않는 날은 오래된 체증을 앓듯 속이 답답할 때가 많다. 대가도 없이 머리만 아픈 작업을 안 해도 그만이련만, 이렇게 자처하는 걸 보면 삶의 한 부분으로서 내가 택한 수행방법이 아닌가 생각한다.

평소 수필의 길에 있어서 나는 자작나무이고 싶었다. 잎을 떨군 칙칙한 겨울 산에 멀리서도 오롯이 자신을 하얗게 드러내는 나무. 타서 재가 되는 그 순간까지도 "자작자작" 제 소리를 내는 나무. 그런 나무이고 싶었다. 자작나무를 꿈꿨던 나를 향하여 대나무는 온몸으로 설법을 전하고 있다. 안에 있는 것을 버려야만 강해짐을 목청껏 말하고 있었다.

내가 떠나오는 숲에선 대나무가 묵언수행중인 것처럼 보였다. 마치 수도승이 묵언하듯이.

(2007. 4.)

# 세일의 늪

"번쩍"

눈에서 플래시가 터졌다. 70% 세일의 간판을 보는 순간 내 눈은 그곳에 달라붙어 꼼짝을 안한다. 이윽고 안으로부터 잡아당기는 힘에 무저항으로 끌려들어간다.

쇼핑삼매경에 빠진 나는 멀뚱히 서 있는 남편까지도 가게의 일부분으로 착각할 정도다. 마음에 드는 코트와 평소에 입고 싶었던 원피스가 손에 쥐어지고 싸서 고른 티 한 장도 보태어진다. 한가득 채워진 가방을 양쪽으로 들고 나오는 나는 횡재한 기분에 한껏 들떠있다.

왜 안 그러겠는가. 쉽사리 입기 힘든 가격대의 코트를 반의 반 가격으로 샀으니 말이다. 신이 나 있는 나를 보고 남편은 의아한 표정이다.

"소금공주가 웬일이야?"

돈에 대해 계획성 있고 짜다고 해서 붙인 별명이 소금공주다. 영상통화가 되는 손전화에 비해 나는 아직도 사진 찍는 기능이 없는 것을 고수하고 있고 너덜해진 지갑을 손에 익숙하다는 이유로 십년을 넘게 쓰고 있다. 지출에 있어서 꼼꼼히 따지는데서 붙여진 별명이다.

맞다. 지갑에서 돈이 나가지 않아서 무뎠던 것이지 아무리 세일이라도 큰 금액인 것이다. 만만찮은 액수임에도 다음 달에 날아 올 카드명세서 걱정은 옷 사는 재미에 생각조차 못했다. 이럴 땐 소금공주라는 별명이 무색하다.

세일이라는 말에는 왜 그렇게 제어가 안 되는지 모르겠다. 어김없이 소비를 부채질하는 지름신이 왕림하여 수치가 높을수록 머리의 제동장치는 멈출 줄을 모른다. 지르는(사는) 즐거움에 쌓였던 스트레스가 다 풀리는 느낌이 나를 때마다 유혹해버린다. 세일이라면 씀씀이의 조절이 안 되고 가속도가 붙는걸 보면 내 상태는 거의 중독에 가까운 수준인 듯하다.

중독은 사람의 뇌를 장악하여 쾌감중추로부터 쾌감과 행복감을 느끼게 하는 호르몬을 분비한다고 한다. 그 쾌감은 마약과 같아서 벗어나려고 허우적거릴수록 점점 더 빠져드는 미궁 속 같다. 거기서 헤어나려고 할수록 더 깊이 들어가는 늪지대인 것이다.

지금에 만족하지 못하고 조금만 더로 인한 욕심은 중독을 가져온다. 성형, 쇼핑, 게임 등 어느 것이든지 넘치면 사람을 망가뜨리고 화를 부른다. 예뻐지려는 욕심이 지나쳐서 돌이킬 수 없는 실수가 되기도 한다. 언젠가 성형부작용으로 얼굴이 엉망이 된 괴물 같은 여자가 텔레비전에 소개된 적이 있었다. 어쩌면 저렇게까지 미련스러울 수 있을까 한심했었다.

요즘 십대들에게서 볼 수 있는 중독의 신풍속도가 있다. 문자중독이다. 문자를 찍는 손놀림이 놀랍도록 빠른 이들을 엄지족이라고 하는데 하루에 몇 십 건 씩, 많게는 몇 백건씩 주고받는다. 그렇게 문자통신을 하지 않으면 친구들에게 왕따당하는 느낌이라고 한다. 소외당한다는 생각에 불안하고 초조해서 안하고는 못 배긴다고 하니 심각한 일이다.

옷을 사들고 나오는 내 기분이 좋았던 것도 그런 연유에서였다. 지름신이 자극한 쾌감중추에서 내뿜어진 도파민의 위력은 그리 오래가지 못하고 시들해져서 후회로 이어진다. 생각해 보니 지난번 철지난 옷을 정리하는데 이런 옷이 있었나 할 정도로 장롱 깊숙이 모셔둔 옷들이 눈에 띄었다. 계절이 다 가도록 한 번도 입지 않은 옷들도 보였다. 그 옷들을 넣어두면서 이제 당분간 있는 옷만 입어도 된다고 마음 다진 일은 또 세일의 유혹에 넘어가 허사가 되고 만 것이다.

날아오르던 기분이 여기에 미치자 곧바로 현실로 추락해 버린다. 걸어가는 내 눈앞에 카드명세서가 어른거리고 연말이라 더 늘어날 지출도 걱정되어 날개짓하는 환상을 쫓아본다.

마침내, 잠깐 동안 화수분을 탐한다. 그 단지에서 돈이 쏟아지는 즐거운 공상이 펼쳐진다. 그러다 거리의 턱에 걸려 넘어지려는 바람에 비상하던 허상의 날개가 부러지면서 다른 가게에 붙어있는 %와 눈이 정면으로 맞닥뜨렸다.

아뿔사!

아까 옷을 산 매장보다 더 높은 수치의 세일이다. 내 안의 늪에서 흥분이 파도처럼 출렁인다. 나는 질끔 눈을 감는다.

(2008. 10.)

# 몸이 말을 하네요

여윈잠을 잔 날부터 입술이 꽈리처럼 부르텄어요. 그에 질세라 얼굴에도 뾰루지가 새초롬이 올라옵니다.

드디어 하나, 둘 그 세를 늘리더니 볼 전체를 순식간에 장악합니다. 여자들은 얼굴에 조그만 돌기가 생겨도 예민한데 이게 웬일일까요. 생전 처음 있는 걷잡을 수 없는 사태입니다. 사람들을 접하는 직업을 가진 나로서는 여간 당황스런 일이 아닐 수 없습니다.

이런 내 얼굴을 사람들은 그냥 보아 넘기질 않습니다. 남자 손님들은 홍역이 아니냐, 손님마마가 아니냐하며 나름대로 분분합니다. 음식을 잘못 먹은 것 아니냐고 묻는 건 들어줄만 합니다. 그래도 여자들은 동질을 느껴서인가요. 많이 피곤한가 보다고 걱정스런 얼굴을 하는 이들이 있어 격려가 됩니다. 그나마 점을 뺐느냐는 말은 애교스런 물음입니다.

미운 얼굴이 거울보기가 더 겁이 납니다. 지천명을 바라보는 이 나이에 사춘기 여드름도 아니고 오춘기가 다시 오는 걸까요. 그렇다면 얼마나 환영할 일인가요. 하지만 안에서 온갖 스트레스가 부딪혀 말썽이 생긴 것 같아요.

의사 선생님은 몸에 면역력이 떨어져서 생기는 거라 합니다. 아기들에게 잘 생기는 피부병이라며 잘 먹고 편히 쉬라는 당부를 합니다. 이제 잦아들 때가 되었건만 꼼짝을 하지 않습니다. 센 항생제를 먹고 연고를 발라대도 요지부동이니 질기기가 쇠심줄 같습니다. 참으로 독한 녀석들입니다.

전에는 신경을 쓰고 힘들 때면 입안이 헐고 하얀 좁쌀 같은 게 났답니다. 아무리 고달퍼도 바깥으로 보여주지 않았어요. 어렸을 때부터 내성적이던 성격이 지금도 여전히 소심한 나를 몸도 따라가더군요. 속으로  앓으면서도 보기에는 아무렇지도 않은 모습이었습니다. 그럴 때는 내가 쓰러질것 같다고 해도 누구하나 귀를 기울여 주지 않더니 얼굴에 표시를 내니 나보다 먼저 말을 건넵니다. 얼만큼 힘드냐고 아는 척을 합니다.

너는 3남 1녀의 막내로 태어났지. 술을 좋아하시는 아버지 때문에 집안형편이 좋지 않아 엄마는 남의 일을 다니셨어. 학교 갔다 와서 엄마하고 부르면 늘 대답은 없고 빈집이었던 거야. 나이차가 많은 오빠들도 늦게 돌아와 집에 혼자 있는 시간이 많았지. 그 시간은 네가 외로움으로 온전히 참아 내야하는 기다림이었어.

이때부터 정신적으로 성숙해지는 시간이 아니었을까 해. 생각이 깊어지고 고요함도 짙어질 수 있도록 외로움의 시간이 사정없이 매질을 하고 호되게 다루었으니 말이야. 네 안에 흐르는 사유의 강이 조용히 흐를 수 있었던 것도 그 때문 일거야. 그것이 너를 글을 쓰게 했던 것 같아. 일기에다 마음을 털어놓고 위로 삼는 모습을 자주 보았으니까. 그렇게 지면에 너를 쏟아 낸 일은 잘 한 일이야. 네가 작가가 될 수 있었던 밑바탕이 되어주었을 테니까 말이야.

비록 아마추어 작가지만 취미로 좋아하는 일을 할 수 있게 된 것이 기뻐. 쓰면 쓸수록 알면 알수록 더 어려워지는 게 글 작업이지만 한편을 끝내고나면 찾아오는 희열을 은근히 즐기고 있잖아. 행복은 찾아오는 게 아니라 스스로 캐내야 한다고 하지. 너는 그 한 가지는 캐고 있으니 다행이야.

가끔은 쾌활한 여자가 부러웠어요. 할 말 다하고 풀일 제 풀면서 사는 그녀들은 걱정거리가 하나도 없어 보였어요. 남의 눈치를 보지 않고 당당하게 거침없이 사는 게 마음이 편해 보여 나도 그렇게 살고 싶을 때가 많았습니다. 그렇다고 성격을 고치는 일은 쉽지 않은 일입니다.

어쩌면 몸이 그대로 닮았을까요. 그런 몸도 이런 나를 더 이상 보고 있을 수만은 없었나 봐요. 속으로 참고 있으려니 숨이 막혔나 봅니다. 옷으로 가려져 보이지 않을까봐 몸에서도 제일 잘 보이는 얼굴에 대고 말을 합니다. 거센 반기를 든 셈이지요. 효과가 확실한 시위입니다.

아, 겉으로 나타나니 알아주는군요. 아프면 아프다고 괴로우면 괴롭다고 말을 해야 하는 건가 봅니다. 그래야 남들이 알아주고 배려해주는 것인가 봅니다. 왜 그걸 이제야 몸이 알았을까요. 그걸 보고 옆에 있는 그이가 바로 걱정스런 눈길을 보내옵니다. 사람들도 아는 체를 합니다. 속으로 꾹꾹 눌러 참으면 언젠가는 알아주리라고 생각했는데 말을 해야 하는 것인가 봅니다.

그러그러한 이십년 지기 우리 부부도 사랑한다는 말을 해본 지 오랩니다. 으레 말을 하지 않아도 사랑한다고 믿고 있습니다. 그런데 오늘은 말을 해야 할까요. 그러면 둘 사이의 시틋한 애정전선에 신혼이 다시 찾아올까요?

(2011. 11.)

# 초록장화

처음 신어본 장화다. 쉰 되도록 이 신발을 신어보리라고는 생각도 못한 일이다. 형님 댁에 복숭아를 가지러갔다가 일어난 참사였다.

큰댁은 논에 지은 농가주택으로 농로를 따라 들어간다. 차를 세우고 들어가 복숭아를 가지고 나오면서 벌어진 사태였다. 상자를 들고 있으니 발아래는 쳐다볼 수 없고 앞만 보고 걸었다. 어찌 도사리고 있는 위험을 짐작이나 했겠는가. 순간에 벌어진 일이었다. 걷고 있는 내발을 밑에서 잡아당기기라도 하듯이 수로위의 스틸그레이팅덮개에 왼쪽다리가 빠지면서 앞으로 고꾸라졌다.

무릎까지의 깊이로 내 발 크기만큼의 구멍이다. 일부러 집어넣어도 쉽지 않았을 공간이었다. 어이가 없어서 쓴웃음이 나왔다. 행여 누가 볼세라 얼른 다리를 꺼냈다. 복숭아 덕에 얼굴은 멀쩡했다. 무릎은 까여 피가 나고 발가락은 아파서 걸을 수가 없었다.

병원을 무서워하는 나는 파스로 견뎌보려 했다. 시간이 갈수록 점점 붓고 멍이 새파랗게 올라왔다. 그이에게 미련곰탱이라는 말까지 들으면서 버티다가 병원에 갔다. 발가락이 두 개나

부러졌다는 것이다.

의사는 부은 발에 장화를 신겨 주었다. 겉보기에는 예쁜 초록색을 한 반장화였다. 보기와는 딴판으로 내 발을 꼼짝 못하게 하는 족쇄였다. 제대로 걷지도 못하게 하고 발을 조여 와 발바닥이 욱신욱신 아팠다. 비가 오는 날이나 씻을 때면 비닐봉투로 무장을 해야 했다. 발에 물이 들어 갈까봐 단단히 동여매야 하기에 여간 성가신 게 아니다.

장화를 신고 보내는 하루가 피곤하고 고됐다. 사무실에서 종일 동동거리다 이어 집안일을 끝내고나면 눈물이 날 지경이다. 하루에도 몇 번씩 벗어던지고 싶었다. 벗겨지지도 벗을 수도 없는 이 장화는 나의 인내를 시험하고 있었다.

며칠을 부러진 발가락에만 온통 신경이 가 있었다. 발의 통증이 가라앉고 진정이 되어서야 무릎이 욱신거리는 걸 알았다. 들여다보니 바짝 성이 나 있다. 쓰리고 아팠을 텐데 더 아픈 발에 가려 이제야 느껴지는 상처였다. 무심했던 게 미안해서 한참을 연고도 바르고 밴드도 붙여 주었다.

제일 큰집 조카가 제주도에서 결혼식이 예정되어 있다. 신부쪽을 배려하다보니 온 집안이 소란스러운 일이 되어 버렸다. 얼마 남지 않게 되자 많은 인원이 비행기 표를 예매해야하는 번거로움으로 정신이 없었다. 당일 날 갔다 오는 표를 구하지 못해 모두가 2박3일의 일정이 되어버렸다.

하루는 예식에 이틀은 여행으로 짜여져 펜션이 예약되고 렌트카가 정해지기까지 커다란 소요가 지나갔다. 조용해진 집안은 온통 여행의 설렘으로 들썩였다. 다들 나는 안중에도 없었다. 아직 장화를 신고 있는 이 노릇을 어찌해야 할지 머릿속이 까맣다. 예식에 가는 것도 조심스러운 일인데 여행이라니. 들떠야 하는 마음이 걱정으로 뒤덮였다.

드디어 생각 끝에 제주도 가는 날을 이틀 남겨놓고 깁스를 풀었다. 너무 이르다는 의사의 말을 뒤로하고 억지를 부렸다. 이 어색한 장화를 신고 결혼식에 갈 수 없는 일이었다. 지긋지긋한 장화가 벗겨지고 날아갈 것만 같은 기분도 잠시, 여전히 절룩거리는 걸음걸이를 하고 있다. 뛰어다닐 거라고 생각했던 건 내 오산이었다.

제주도에서의 3일은 발에 촉각을 곤두세웠다. 긴장하느라 여행의 즐거움을 제대로 맛보지 못한 아쉬움은 크지만 아들을 대동한 얼마만의 여행인지. 중3때 가본걸 끝으로 지금까지 함께하지 못했다. 대학을 가면서 늘 바쁘다는 핑계로 손님처럼 잠깐씩 왔다가는 게 고작이어서 이 여행은 나에게 보너스 같은 시간이다.

제주에서 돌아와 감사의 기도를 올린다. 아무 탈 없이 잘 다녀온 내 발에게 고마움을 전한다. '고마워'라는 말은 누워있던 감정을 덩달아 일으켜 세운다. 왼발을 다친 게 다행이라고 미처 몰랐던 숨은 파장까지 일렁이게 한다. 운전을 할 수 있어서 출근에는 지장이 없으니 얼마나 감사할 일인가.

장화를 신었던 한 달 동안은 고문이었다. 그까짓 복숭아는 왜 갔다 먹으라고 해서 나를 힘들게 하나하는 괜한 원망도 생겼다. 아들이 군대에서 제대 할 날을 손꼽아 센 심정을 알 것 같다. 그 시간을 견디고 온 아들이 성숙해졌듯이 깁스를 했던 나의 한 달이 그랬다.

더 아픈 발에 가려 외면을 당한 무릎의 상처처럼 드러나는 명예와 돈 같은 눈에 보이는 것만을 쫒은 나. 작은 것, 보이지 않는 것들. 소소한 일상들이 행복이었음을 몰랐다. 그저 단번에 얻어지는 일확천금 같은 것 인줄 알고 살았나 보다.

동화작가 페로의 "장화신은 고양이"는 장화를 신으면서 주인을 위해 꾀를 내는 지혜가 생겼다. 초록장화는 졸고 있던 나의 겸손을 깨운다. 자그마한 것들을 무심코 지나치지 말고 살라는 엄한 법문이요. 아래를 내려다보라는 따끔한 불침, 연비燃臂이다.

(2014. 10.)

# 고소한 착각

내 안에서 숨비소리가 들려온다. 오후 6시가 되면 어김이 없다. 하루 일을 마쳤다는 안도의 소리이기도 하다. 사람들에게 유난이 볶이는 날이면 더 크게 소리를 낸다. 이제 만성이 될 때도 되었으련만 사람들과 부딪히는 이 직업이 갈수록 힘들고 어려워진다. 아직도 나는 프로와는 거리가 먼가보다.

마지막 수업을 마치는 종소리를 들은 학생들의 기분이 이러할까. 오늘은 나보다 늦게 퇴근하는 동료가 휴가를 가는 바람에 대문을 잠그는 일을 맡았다. 철커덕하는 둔탁한 쇳소리가 차안의 음악소리에 합류한다. 어디론가 훌쩍 떠나버리고 싶어진다. 차창으로 들어오는 저녁노을을 감상하며 달리다가 달빛의 고혹에 빠져 밤새 차를 몰고 싶다. 이런 주인의 기분을 알아차린 애마도 덩달아 분위기를 탄다.

한참을 달리던 차는 서서 신호대기 중이다. 정면으로 미타사의 키가 크신 지장보살이 보인다. 이렇게 꼿꼿이 마주치게 되면 저절로 오늘을 감사하는 합장을 올리게 된다. 한껏 부풀어 오르는 나의 마음이 서서히 가라앉을 무렵, 경적소리가 시끄럽다. 백미러를 보니 뒤에서 서있던 차의 문이 열리고 운전자가 내리는 게 아닌가. 그는 내차로 다가오고 있었다. 그 짧은 순간에 머리에서는 온갖 생각으로 번잡하다. 번개 같다.

혹시 나에게 대시라도 하려는 건 아닐까. 호감이 있어서 내 뒤를 따라오진 않았을까. 얼마 만에 느껴보는 신선함인지 생각만으로도 벅차와 가슴이 빠근해오고 있었다. 그것도 잠시, 다른 한편에서는 나에게 막말이라도 퍼붓는 건 아닌지 겁도 났다.

자동차의 경적소리만 울리면 초보운전자인 나에게 보내는 소리인 것 같아 주눅이 들곤 했다. 여자라고 우습게보고 깐이 보는 경우도 있다. 속도를 못 낸다고 경적을 눌러대고 좌회전을 재빨리 못한다고 울려댄다. 하물며 추월해가면서도 나를 향해 함부로 소리를 지르고 가기도 한다. 아마도 그 운전자는 '여자가 집구석에서 밥이나 하지. 왜 차를 끌고 나왔느냐'는 투다. 나는 어디서 들은 말인 '이 자식아. 쌀이 없어서 쌀사러 마트 간다' 혼잣말로 욕을 퍼부어 주곤 한다.

이럴 땐 만만하게 보여서는 안 될 것 같았다. 공격을 받으면 배를 불리어 온몸의 가시를 세우는 가시복처럼 눈을 크게 치켜뜨며 창문을 내렸다. 최대한 까칠한 표정으로 "무슨 일이시죠?" 나의 물음에 그는 핸드폰을 내밀었다. 어디서 많이 본 전화기다.

아뿔싸. 대문을 잠그려는데 그이에게 전화가 걸려와 통화를 끝내고 뒤 트렁크위에 올려놓았던 것이 생각난 것이다. 2킬로미터를 달려왔는데 다행이 거기에 얌전히 있었던 모양이다. 이 노릇을 어찌한단 말인가. 얼른 힘주었던 눈을 풀고 "고맙습니다. 고맙습니다."고개를 조아리는데 신호가 바뀌었다. 제대로 인사도 못하고 재촉하는 신호등을 따라 달려야 했다. 그 차는 내 앞을 달려 저만치 멀어져간다.

"풋"하고 웃음이 터졌다. 이 나이에 대시라는 엄청난 꿈을 꾸었으니. 참, 나도 푼수다. 송곳눈을 한 어이없는 내 모습에 그가 얼마나 황당했을지. 베풀려는 자신의 호의가 오해로 무시당하여 기분을 망쳤을 수도 있다. 나 때문에 그의 오늘이 엉망이 되었는지도 모르겠다. 고마움은 미안함으로 변하여 나를 괴롭힌다.

어디선가 착각에 빠질 줄 알아야 행복하다란 글을 읽은 적이 있다. 뇌는 착각을 현실로 믿는다고 한다. 부정적 착각과 긍정적 착각에 따라 행복과 불행이 선택된다고 했다. 매순간 우리는 선택의 뇌 버튼을 누르며 살고 있다. 1초에 열일곱 번이나 진동하는 우리의 마음을 그 중에 한 번만이라도 긍정적 착각의 뇌 버튼을 누르게 되면 행복하다고 느낄 수 있다는 것이다.

사람은 누구나 착각하면서 살아가고 있다. 도度의 차이만 있을 뿐이다. 나는 착각을 많이 하는 사람 중에 속한다. 거울 앞에서 치장을 할 때면 내가 예쁘다고 느끼고 요리조리 몸매를 돌아보며 지금도 봐줄만 하다고 생각한다. 지나가는 남자가 흘깃거리면 내가 멋있어서 쳐다보는 줄 안다. 거울 안의 내가 미워 보이고 자기만족이 없다면 불행해서 못살 것 같다.

나는 우아하게 나이를 먹어가고 싶은 중년이다. 착각이었다 하더라도 대시라는 긍정을 선택했을 때 잠시나마 행복했었다. 남들이 허황된 주책이라 해도 혼자 미소 지으며 흐뭇했었다. 이렇게 마음이 기쁘면 늙어가면서도 우아해지지 않을까 싶다.

자신의 행복은 스스로의 선택에 달려있다. 뇌는 주인이 누른 버튼을 현실로 믿는다고 하니까 나는 행복의 착각을 누려볼 참이다. 착각도 자유라는 잣대를 남들이 들이대어도 좋다. 도의 테두리 안에서 착각을 한껏 즐기며 살고 싶다.

쉼 없이 진동하고 있을 내 마음. YES 그리고 O.K다.

(2015. 9.)

# 내안의 물리학

가을의 발걸음이 급하다. 겨울이 시린 이를 드러내며 바짝 쫒아와 있어 창밖으로 보이는 빈들이 황량하다. 그 위로 잔별이 소소히 내린다. 수고한 대지에게 주는 온화한 위로다.

어느 휴일의 오후날씨는 혼자인 나를 아파트에 가만히 붙들어두지 않는다. 음성천에 나갔다. 햇빛은 아직 온기가 남아있어 걷기에 좋은 날이다. 꽃은 송이를 떨어뜨릴 새도 없이 대궁위에서 말리고 단풍은 땅위에 두툼한 이불을 덮는다. 갈아엎어져 있는 코스모스가 가을이 멀리 달아나고 있음을 말해준다.

운동이 아닌 산보를 할 요량이니 서두를 이유가 없다. 꽃에게 눈길을 주느라 주위를 살펴볼 겨를도 없었던 천을 둘러보며 느리게 걷는다. 물속에 떼를 지어 다니는 피라미 무리가 보인다. 물오리 가족도 보인다. 물살이 가뿐 쪽으로 헤엄을 쳐간 어미를 따라가는 새끼들은 버겁다. 밀려가기도 하면서 힘껏 제자리로 돌아와 따라가느라 안간힘을 쓴다. 어미는 일부러 새끼를 센 물살로 유인했는지도 모른다. 나름의 교육법이 아니었을까 짐작해보는 것이다.

내려가는 길에는 없던 내 앞에 시커먼 그림자가 드리워져 앞장을 서서 걷고 있다. 왠지 선명하게 비춰진 검은 내 모습이 섬뜩하다. 본체의 나에게서 또 다른 내가 빠져 나온듯한 착각이 든다. 내안에는 둘이 공존하고 있는 게 맞다. 긍정의 예와 부정의 아니오가 늘 다투고 있으니까 말이다. 작용과 반작용의 대립이기도 하다.

아니오는 힘이 세어 넓은 평수로 나를 지배하려한다. 마음을 다잡아 세운 다짐도 때때로 흔들어댄다. 처음에는 살짝 건드려 보다가 조금이라도 움직임이 있으면 놓치지 않고 강도를 높인다. 조금이라도 틈을 보이면 안 되는 예는 언제나 긴장을 하고 있어야 한다.

퇴근 후에 음성천을 한 시간씩 도는 운동을 지금은 쉬고 있다. 춥고 어두워서 멈춘 상태다. 초봄부터 시작하여 늦가을까지 했었다. 두 바퀴를 도는 동안에도 내 속에서는 수없이 씨름을 한다. 꾀가 난 그만둘까가 슬며시 나를 건드려본다. 계속해야지는 무슨 소리냐며 끝까지 해야 한다고 나무란다. 기세가 눌린 듯싶던 NO는 포기하지 않고 수없이 핑계를 만들어낸다. 덥지, 힘들지, 다리 아프지, 바쁘지 하며 귀에 쏙 들어오는 구실만 늘어놓는다.

어쩌다가 YES는 끈질긴 유혹에 넘어갈 때가 많다. 한꺼번에 깨물어먹는 사탕 맛이다. 다 녹고 나면 물을 들이켜야 하는 갈증처럼 꼬임에 넘어간 작용에게는 후회가 따라온다. 감미로운 반작용을 끝까지 뿌리친 후에는 희열이 찾아와 나를 깊이로 성장시킨다.

젊은 날, 나에게 한뉘가 쿵 소리를 내며 달려 들어와 박혔다. 조그만 점은 점점 가속도가 붙어 순식간에 나만하게 부피를 불렸다. 그리고는 나를 통치하기 시작했다. 아직까지도 나는 한뉘와 작용과 반작용을 두고 맞설 때가 많다. 서로 치받으며 상대에게 익숙해져가는 동안, 시간은 청년을 희끗한 중년으로 바꾸어놓았다.

내 삶속에는 이렇듯 뉴턴이 살고 있다. 내 안에서 일어나는 모든 일들이 물리학인 셈이다. 대학원에서 전공과목을 하고 있는 아들에게 물리에 대한 답을 들어보았다. 물체의 본성과 그 운동을 연구하는 학문이라고 한다. 나를 잘 알고 다스리려면 물리학을 알아야 할 것 같다. 나의 본성을 깨달아 이해하면 융통성 없고 현명하지 못한 내 삶이 더 나아지지 않을까 해서다.

물리에 문외한인 내가 배울 수 있는 속성과정은 없느냐고 아들에게 졸라 볼 생각이다.

(2017. 12.)

# 내안의 성소

내 안에는 나만의 궁宮이 있다. 사면이 투명한 유리로 지어진 방이다. 그 방은 은은한 햇살의 출입만이 허용될 뿐이다. 극성스럽기로 소문난 모성애도, 아무리 초콜릿처럼 녹아드는 사랑도 허락되지 않는다. 오롯이 나이어야만 한다.

화장을 지운 맨얼굴의 나를 만나는 곳이다. 치장된 겉치레를 벗고 꽁꽁 싸맨 비밀도 알몸을 드러낸다. 내가 아무리 초라하고 볼품이 없어도 주인은 맨발로 뛰어나와 반겨준다. 아무리 늦은 시간에도 귀찮은 내색 없이 기다려주는 주인이다.

사람들에게 받은 상처가 아려 견딜 수가 없으면 나도 모르게 그 방 앞에 와 있다. 흠집난 자존심에 욱신거리는 통증은 문을 여는 순간 쓰러지고 만다. 온 몸이 마취가 된 것처럼 꼼짝도 못하겠다. 마치 만취한 사람이 집에 잘 찾아와놓고 현관문을 열자마자 정신을 놔 버리듯이 말이다.

어디가 아픈지, 왜 힘든지, 무엇이 괴로운지를 한 번도 묻지 않아 좋다. 이미 다 알고 있는 눈치다. 지친 심신을 누이면 치유를 위한 왕진을 한다. 머리를 만져주고 마음을 토닥인다.

쉰을 넘기면서 나는 이 방을 가끔 방문한다. 아직도 조율이 되지 않아 서로를 할퀴는 부부싸움은 자존감이 상하는 충돌이다. 그이와 부딪힌 충격은 나에게는 한겨울의 냉전이다. 머리가 뒤엉키어 멘붕이 온다. 이런 날은 아예 문을 걸어 잠근다.

주인을 마주하여 긴 고해성사가 시작된다. 나는 억울함을 호소하고 있다. 나를 아프게 만든 사람들이 싫고 원망스럽다. 그이도 밉다. 가만히 들어주기만 하는 너그러운 주인은 늘 내편이다. 나에게 내려진 처방은 한가지다. "괜찮다. 괜찮다" 감아놓은 태엽처럼 들려오는 말은 최고의 특효약이다.

투약된 약물이 마음에 번지면 주르르 눈물이 난다. 치유되고 있다는 증거다. 흐르는 눈물줄기는 내 안에 파고들어 지각변동을 일으킨다. 억울함이 사라지고 힘듦을 잘 견뎌준 지금의 내가 장하고 대견해진다. 이어 용서와 화해가 앞에 와서 손을 내민다. 그 때를 틈타 햇살이 내게 긁힌 상처로 아파하고 있는 이들을 환히 비추어준다.

그 방을 나오는 나는 두꺼운 외투를 벗은 듯 가볍다. 다시 일어날 힘이 나고 앞으로 나아갈 용기가 생긴다. 누구의 잘못을 떠나 그들에게 먼저 사과를 청한다. 어쩌면 지는 것이 현명하고 지혜로운 일임을 아는 순간부터 평화로운 일상의 소중함을 깨달아가는 시간이다.

나이가 들수록 유리방을 드나드는 횟수가 줄어든다. 오히려 거기에 머무는 시간은 점점 더 길어지고 있다. 또한 상처가 깊을수록 오래 걸린다. 나를 회복시키는 게 점점 더디다. 나는 이 방을 오래도록 드나들 생각이다. 분노가 파도처럼 출렁일 때도, 사람들에게 이리저리 부딪혀 깨진 날에도 나를 만날 작정이다. 편히 쉴 수 있는 곳은 오로지 여기뿐이기 때문이다.

헤르만 헤세는 "우리 내면에는 언제든지 들어가서 자신을 회복할 수 있는 고요한 성소聖所가 있다"고 했다. 나의 유리방도 고요했다. 오늘의 막막한 어둠 속에 갇혀 밝은 내일은 없을지도 모른다고 절망하는 내게 나의 시커먼 그림자를 드리웠다. 그림자란 빛이 없으면 생기지 않는다. 나는 이미 희망의 빛 속에 있음을 알리는 메시지였던 것이다.

마음 안에 들어있는 알속마음. 그 산실을 헤르만헤세를 빌어 생각한다. 나약해지는 나를 끝까지 부추겨주고 좌절하는 나를 일으켜 세우는 곳. 나의 눈빛이 깊어지고 사유가 넓어지는 곳. 나를 키우는 곳. 나는 이곳을 성소라 부르기로 했다.

(2018. 3.)

# 1이 품고 있는 비밀

1은 모든 수數중의 첫수다. 수를 셀 때는 하나하며 제일 먼저 나오는 수다. 크기나 양을 따질 때는 아주 적고 작은 의미다. 시작을 알리며 처음이라는 기대와 꿈을 주기도하고 1%의 뒤에 남아있는 99%에 많은 기대와 희망이 담긴다.

또한 최고의 권력자나 능력자를 지칭하는 말이기도 하다. 이 앞에는 제일이라는, 가장이라는 최고의 찬사가 붙는다. 시시때때로 수많은 숫자로부터 도전을 받는다. 그 자리를 지키기 위해 애를 써야하는 수이다.

그러나 뒤에서의 1%는 가망이 없는 숫자다. 기대를 일찌감치 포기하여 버리는 수다. 1%안에 기적이 있다고 믿는 이는 드물다. 러시아 월드컵에서의 독일 전 승리는 아무도 알지 못했고 고대하지 않았다. 피파랭킹 1위인 독일을 2:0으로 이긴 건 우리나라뿐만 아니라 세계인들이 다 놀란 이변이었다. 16강 진출이 좌절된 경기임에도 기쁨이 폭풍급이었다. 우리축구팀이 대단한 실력의 독일 팀을 이긴 것은 기적이다.

경기가 있기 전 사람들은 어쩌면, 혹시나 하는 요행을 바랬다. 실력으로는 대적할 수 없이 형편없지만 운運에 의존해보고 싶다고 했다. 우리나라가 이긴다는 건 꿈에서조차 생각할 수 없는 것이라는 걸 인정하면서도 1에 대한 미련을 못 버리는 눈치였다. 그 미련이 현실이 될 줄 누가 알았으랴. 뜻하지 않은 승리가 우리에게 안겨주는 희열은 몇 곱 배가 더 컸다.

우리 축구가 이긴 데는 끝까지 포기하지 않고 시간을 견딘데 있다. 독일은 랭킹 1위고 우리나라는 57위다. 순위로도 게임이 안 되는 경기다. 처음부터 상대가 강하다고 주눅이 들었다면 있을 수 없는 결과였지 싶다. 세계최고라는 독일은 자신들 앞에 아무도 없는 1에 대한 오만이 있었는지도 모른다. 한참 아래인 우리를 깔보고 우습게 여겼을 것이라는 짐작이 간다. 놓아버린 긴장이 어처구니없는 결과를 가져와 황당해하는 세계인들이다.

나는 1%의 기적을 축구를 통해 보았다. 그 작은 크기에서 엄청난 힘이 나올 수 있다는 것을 믿지 않던 내게 통쾌한 쐐기를 박았다. 나만이 지켜본 믿지 못할 위력이 아니다. 모두의 눈으로 보고도 믿을 수 없어했다. 맞다. 기적은 생각지도 않은 일에서, 어느 순간에 찾아오는 선물이다. 포기한 사람에게는 절대 주어지지 않는다. 어렵고 힘든 상황을 잘 이겨낼 때 올 수 있는 기회가 주어지는 것이다. 아무리 바뀔 것 같지 않고 나아질 것 같지 않더라도 앞으로의 일은 누구도 모르는 법이다.

또한 1의 역할은 어마어마하다. 1도가 물을 끓게도 하고 얼게도 한다. 나무가 꽃을 피우고 못 피우는가의 1도는 매우 중요하다. 또한 사랑에 있어서도 묘하게 작용한다. 99%의 장점을 가진 사람이 1%의 단점으로 인해 사랑이 깨지기도 하고 그 반대로 1%의 장점이 그 사람의 매력이 되어 사랑이 시작되기도 한다. 1%가 사랑을 흔들어 댈 만큼의 위력이 있어 시작과 끝을 지배하는 마법의 한 수다. 이렇듯 여러 모습을 감추고 있다.

1에 매료되었다. 뒤에서의 첫수가 간직하고 있는 미지수의 비밀이 나를 사로잡는다. 시작하기도 전에 포기해버린 수. 잘될지도 모른다는 요행도 바랄 엄두조차내지 못한 수. 그래서 꿈을 꾸지 않았다.

이제 나에게 1은 무언가를 간직하고 있는 비밀의 수다. 모든 수를 나눌 수 있지만 자신은 다른 수로는 나누어지지 않는 절대성을 고수하는 숫자. 그 수의 안에는 무엇이, 어떤 게 숨겨져 있을지 모른다. 모두들 절망의 수라 해도 1과 맞닥트렸을 때 끝까지 힘껏 견뎌볼 터이다. 기적은 스르르 잠이 와서 언제 잠이든지 모르듯이 슬며시 나에게 와 있을지도 모르는 일이다.

(2018. 7)

# 5

## 나 먼저 꽃피어

# 5부. 나 먼저 꽃피어

# 그녀에게 승복이 잘 어울리듯

"어서 오십시오" 라는 말은 오는 손님들에게 맨 처음 내가 건네야하는 말이다. 우체국에 근무하는 나로서는 당연한 인사말이기도 하다. 여스님 세 분이 문을 열고 들어서는 것이 보인다. 얼굴을 볼 사이도 없이 오늘도 그 지극히 당연한 인사를 건네고 끝말이 끝나기도 전에 한 스님과 눈이 마주쳤다. 인사도 다 끝내지 못한 내 입은 다물지도 못하고 거기서 움직임을 잊은 채 한참을 바라보고 있을 뿐이었다.

얼마간의 침묵이 오갔을까. 그제야 그녀의 손을 반갑게 잡아 "오랫만이다" 간신히 한마디 할 수 있었다. 여고시절 친구 '은하'였다. 낙엽처럼 쌓인 세월의 더미 속을 들춰보니 하나도 퇴색되지 않고 변하지 않은 그때그대로의 모습으로 추억 속에 그녀가 있었다.

우리는 읍 단위의 작은 학교에 다녔다. 여고생의 갈래머리를 벗어나 단발머리 소녀로 막 바뀌는 그런 시기에 있었다. 맑고 밝은 꿈이 많던 시절. 구르는 낙엽만 보아도 까르르 웃던 시절. 그 나이에 여학생이 다 그렇듯이 시에 심취하기도하고 문학이 어쩌고, 삶이 어쩌고, 시간가는 줄 몰랐다.

2학년이 되면서 은하는 우리 학급의 반장이 되었다. 평소 말도 없고 자기 일만 열심인 아이. 조금은 모자란듯하면서도 공부는 우등생인 아이. 그래서 우리가 붙인 별명이 어벙이였다. 나와도 말이 잘 통해 친한 사이가 되었고 그녀가 우리 집에 놀러왔다. 그때는 친구들 집에 서로 오가고 했었기에 그녀가 우리 집에 놀러온 것은 그리 이상한일이 아니었다.

우리 집은 미타사라는 절 아래 정겹게 둘러앉은 작은 마을에 있었다. 조계종에 속하는 이 절은 동네에서 삼십분을 걸어 올라가는 거리에 떨어져있으며 여승들만 스무 명 이상 계시는 절이다. 입구 한쪽에 작은 계곡이 흘러 자아내는 물소리와 양쪽 우거진 나무는 보고 즐기기에 충분한 산수화라 해도 과언이 아니다.

해마다 석가탄신일 전날에는 동네 청년회 회원들이 절로 올라가는 길에 시작부터 끝까지 점등을 한다. 며칠 전부터 스님들이 길 양쪽에 종이로 곱게 만든 등을 매달아놓으면 초에 불을 달려 등을 밝히는 거다. 중학교 3학년이 되면서 나도 점등식에 참여하게 되었고 하나 둘 점등을 하면서 절까지 올라가면 대웅전 넓은 마당에는 등으로 가득하여 어떤 말할 수 없는 감회가 한꺼번에 밀려오곤 했다. 뭐라 할 수 없는 감동의 파도가 주체할 수 없을 만큼의 크기로 달려들곤 했었다.

은하가 우리 집에 놀러온 날도 석가탄신일 전날이었다. 실컷 놀다가 엄마가 해주시는 저녁까지 챙겨 먹이고 읍으로 가는 마지막 버스를 기다리고 있었다. 같은 동네에 사는 세 친구와 그녀를 집에 보내고 점등식에 가리라 생각 중이었는데 버스는 바로 오질 않았다. 시골이기 때문에 막차가 여덟시면 끊어져 이 차마저 놓치면 안 되기에 다들 버스 오기만을 기다리고 있는데 은하가 갑자기 소리를 질렀다.

"얘! 저기 뭐야?" 감격 반 놀람 반인 목소리로……. 그녀의 손끝을 따라가 보니 점등식의 모습이 시야에 들어왔다. 어둠에 사람의 모습은 보이지 않고 하나하나 등만 켜지고 있었다. 그녀는 그쪽으로 뛰어갔고 그 대열 속으로 들어갔다. 집에 안가면 어떡하느냐는 우리의 말은 들리지 않는 듯 열심이었다.

그렇게 점등을 다하고 절까지 올라갔을 때 마당 가득한 등을 보더니 꽤 흥분하고 감동을 주체치 못하는 듯 보였다. 너무너무 좋단다. 집에도 안가고 여기서 스님들과 함께 산단다. 우리는 당황해서 설득도하고 달래도 보았지만 그녀는 막무가내였다. 안 간다고 떼를 쓰는 그녀를 주지스님이 택시를 불러 집에 태워 보냈다. 그리고는 안심하며 내일 일을 까마득히 어림하지도 못한 채 우리는 절을 내려왔다.

다음날이 되어 등교를 하니 그녀는 와있지 않았다. 결석 한 번 안하던 그녀가 하루 종일 빈자리를 만들었고 걱정되어 전화를 해보니 새벽에 집을 나갔다며 어머니께서는 우셨다. '가출' 문제아도 아닌 모범생이 집을 나갔다는 소식이 친구들 사이에 전해지고 학교전체에 퍼져 충격을 주었다. 친한 친구들 몇 명이 다 찾아보았지만 어디에도 그녀는 없었다. 궁금해 하던 시간이 흐르고 5일째 되는 날 또 한 번의 놀라운 소식으로 우리는 혼란스러웠다. 속가를 떠나 삭발을 하고 효섭스님이 되었다는 그녀가 도무지 풀 수 없는 숙제로 남았다.

몇 개월 후 한참을 망설이다 중심 잃은 혼란을 간신히 다독거리고 비구니가 된 그녀를 몇이서 찾아갔다. 삭발을 하고 승복 입은 모습을 본 순간 전혀 낯설지 않고 어디서 많이 눈에 익은 모습이어서 아무 말도 못했다. '은하야' 하고 부를 수도 없고 효섭스님이라 하기엔 어색한 우리는 그녀의 짧은 얘기만을 귀담을 뿐이었다.

우리 집에 놀러 왔던 날 집에 억지로 돌아갔지만 마음이 안정되지 않더란다. 무엇에 홀린 듯 들떠 아무것도 할 수 없고 그 감회를 주체할 수 없었단다. 집에서의 반대는 당연한 것이어서 몰래 집을 나와 이 길을 택했노라고 말하는 그녀의 얼굴은 평온해 보였었다. 그 후로는 한 번도 보지 못했다. 졸업을 하고 사회생활을 하면서 가끔씩은 궁금하고 보고 싶었지만 그 때마다 기억의 저편으로 미뤄내곤 했었다.

늘 마음의 죄책감이랄까. 그 날 우리 집에 데려오지만 않았어도 하는 엷은 후회의 파문이 내 마음에 일었다. 나 때문에 그녀가 힘든 짐을 진 것 같아서, 나로 인해 커다란 업을 그녀가 안은 것 같아서 가슴 한 모서리가 늘 작은 통증에 시달리곤 했었다.

그런데 그녀가 지금 내 앞에 서 있다. 세월의 장을 수없이 넘겼지만 그대로이다. 삭발한 머리며 승복이 너무 잘 어울린다. 그녀가 선택한 불도의 길에 내가 마음 조아린 그 무엇은 없는 것 같아 보여 지금 나는 마음이 한결 가벼워진다. 함께 오신 스님들께 "저 친구 집에 놀러갔다가 내가 중이 되었다"고 웃으며 말하는 그녀에게 내가 걱정하던 그 어떤 것은 찾아 볼 수가 없어서 다행이라고 위안한다.

경제가 어렵다, 살맛이 안 난다, 투정 가득 쌓인 내 얼굴을 보여주는 것 같아 부끄러워진다. 불만의 먼지가 수북이 쌓인 나를 보는 것 같아 무안해진다. 이런 나를 읽기라도 하듯이 그녀는 엷은 미소만을 보내고 있다.

그녀에게 승복이 잘 어울리듯 저마다 맞는 옷이 따로 있으리라. 새 옷은 아니어도 정성들여 다림질하고 예쁜 옷이 아니더라도 단정한 옷차림이리라. 그녀의 뒷모습이 사라진 포도위의 하늘은 화창한 봄이었다.

(1998. 3.)

# 바람난 배추

여기저기서 김장소식이 들려온다. 갈무리를 끝낸 상강이 부드러운 깃을 접자 바로 시린 날을 세우는 입동의 바람 때문인가. 남편이 별안간 서두른다. 몇 주 더 늦춰서 하려고 생각중이건만 난데없이 김장을 해야겠다는 것이다. 몸이 달아 나보다 더 조바심을 낸다.

일이 서투른 나 때문에 자기가 도와주어야 하는 게 부담이 되는가 보다. 남들은 남편이 나서서까지 신경 쓰지 않아도 될 일을 부인이 시원찮아 마음을 써야하는 그이가 딱한 생각이 든다. 급하게 배추와 속재료를 사서 농장인 "해 뜨는 집"으로 갔다. 아파트보다는 공간이 넓어서 더 나을 것 같아서다.

올해는 가까이 지내는 이웃과 같이 김장을 하기로 했다. 문자로 김장소식을 들은 부부가 완전무장을 하고 왔다. 배추가 네 쪽으로 갈라진다. 해가 넘어가니 얼른 끝낼 마음으로 배추 절이는 일을 남편들에게 맡겼다. 배추를 쪼개는 우리나 절이는 사람들이나 호흡이 척척 맞았다.

다음날, 씻어놓은 배추의 물이 빠지는 틈을 타 소를 준비했다. 무도 뽀얗게 씻고 파와 갓도 말끔하게 씻어 가지런히 놓는다. 옆에는 갖은 양념들도 갖다 놓았다. 김장의 대 작업에 있어

총 지휘자는 자진해서 그이가 나섰다. 지휘자의 말에 따라 무를 썰어서 양푼에 담고 파와 갓을 넣었다. 거기에 갖은 양념을 넣어 젓갈로 간을 맞춰 고춧가루와 섞는다. 그이가 커다란 손으로 비벼대니 순식간에 색깔고운 소가 완성된다.

이제 준비과정을 끝낸 셈이다. 이어 본 작업으로 들어간다. 잎들을 들춰가며 양념을 넣으면서도 덜 절여진 배추는 가관이었다. 양념들이 겉돌아 켜켜이 재이지 못하고 밖으로 빠져 나오는 거다. 한참 배추와 씨름중인데 통에 김치를 옮겨 담던 사랑양반이 던지는 말이 일품이다.

"꼭 바람난 여편네 같네"

무엇을 보고 그러는가 싶어 쳐다보니 손으로 가리키는 배추가 딱 그 모습을 하고 있다. 다른 건 숨이 죽어서 얌전한데 비해 전혀 절여지지 않아 잎들이 위로 솟아 있었다. 거기에 양념을 무쳐놓은 모습이라니. 급하게 한 화장이 고루 스며들지 않아 뜬 얼굴에 빨간 립스틱만 눈에 들어오는 모습이라고나 할까. 아마도 집안일을 대충하고 밖으로 나다니는 주부의 모습으로 비춰졌나 보다.

유난히 소금물을 먹지 않은 모양이다. 배추가 잘 절여져야 김치가 아삭아삭하고 오래도록 맛있는 법이다. 쉬우면서도 어려운 일인데 이때의 소금물은 계란이 살짝 떠오를 정도의 농도가 적당하다고 한다. 절여진 배추가 김치가 되기까지는 여러가지 양념들이 자기를 고집하지 않고 한데 어우러져야 진정한 맛을 낼 수 있다. 서로 다른 재료들이 어울려 삭고 익기위한 기다림을 거쳐야만 맛과 향이 살아나는 것이다. 파는 파대로의 거친 개성의 모남을 누그러트리고 무르익음을 견뎌내야 진정한 맛의 김치가 된다.

김치 담그는 과정을 통해 우리부부를 본다. 결혼하고 처음엔 동갑내기여서 더 팽팽하게 맞섰다. 질세라 자존심이 무기인양 내세우며 할퀴고 찔린 상처로 만신창이가 된 날, 처음으로 그이의 눈물을 보았다. 그 순간 나보다 더 아파하는 모습이 내안에 연민의 빛으로 찾아왔다. 연민은 마법과도 같아서 꼿꼿했던 자존심을 서서히 누그러뜨리고 고집을 삭이었다.

뻣뻣한 배추가 절여지듯이 우리도 서로를 익숙함으로 절이고 있었던 것이다. 미움과 사랑, 오해와 이해의 감정들이 믿음의 양념으로 버무려지고 있었다. 그리하여 17년의 긴 시간을 어우러지며 같은 모습이 되어가고 있었나 보다.

김치가 각가지 양념들이 서로 어우러져 적절하게 발효되었을 때 제 맛을 내는 것처럼 우리 부부는 언제쯤이면 곰삭아 녹록해질 수 있을지. "꼭 바람난 여편네 같네" 그 말에 웃었지만 어쩌면 남들에게 나도 바람난 배추 같을지도 모른다. 퇴근하기가 바쁘게 밀린 빨래를 제쳐두고 외출을 서두르고 있으니 말이다.

(2007. 11.)

# 여름산 일기

바람이 달다. 부드러움 뒤에 엉근 촉을 세운 봄바람은 반가워할 사이도 없이 금새 자취를 감춘다. 등성이마다 불어오는 명주바람이 초록을 더 짙게 물들이고 있다. 성미 급한 바람이 입김을 불어내면 봄과 여름 사이가 순간처럼 지나간다.

나는 산에 미숙해서 앞장을 서는 일이 없다. 산악대장이신 둘째 아주버니를 따라가기에도 바쁘다. 또한 날다람쥐인 큰 형님은 산을 휘젓고 다닌다. 나물과 버섯의 이름을 모르는 게 없는 형님의 보따리는 제일 묵직하다. 그에 비해 나는 눈뜬장님이다. 내게는 그것들이 눈에 잘 띄지 않아 못보고 그냥 지나치기가 일쑤여서 다들 본 바위의 모양도 혼자만 제대로 못보고 딴소리를 한다. 생각이 굼뜬 사람은 보는 것도 늦나보다.

오늘 산행은 가까운 곳으로 정했다. 가섭산이다. 삼형제 산악회인 작은 아주버니네가 빠진 네 명이 나선 길이다. 줄을 잡고 바위를 오르는 곳도 없고 가파른 낭떠러지도 없다. 다리가 심한 통증을 느끼는 계단도 없는 수더분한 산이다. 힘들게 오르는 산이 싫은데 내가 좋아해서 군소리 없이 오른다던 남편도 오늘은 처지지 않고 말씽 없이 잘 따라온다. 다른 때보다는 고

생을 덜 시키는 것 같아 다행이지 싶다.

수리봉에 올라 푯말에 눈도장을 찍었다. 돌아서서 내려오는 길은 어제 비가 와서인지 미끄럽다. 조심하면서 신경을 곤두세우고 내려오는 길인데도 몇 번의 엉덩방아를 찧었다. 산의 중턱쯤이다. 맨 앞에 가던 큰형님의 "여기 산삼 있어요" 하는 솔톤의 경음이 산을 울린다. 모두가 흥분해서 달려갔다. 거짓말 같은 진짜였다. 큰 아주버니가 산삼 앞에 섰다. 달떠서 바라보고만 있는데 남편은 말했다. "형, 삼배三拜하고 캐야 돼요" 말이 끝나기가 무섭게 자세를 가다듬고 삼배를 했다. 경건하기까지 하다. 절을 마치고 산삼을 캐려다가 옆쪽을 가르킨다. 기특하게도 거기에 또 있지 않은가.

이번에는 남편이 그것 앞에 섰다. 흥분된 긴장감이다. 이미 나는 머리로 계산을 하고 있다. 덩치만 컸지 요즘 들어 피곤해하는 남편을 먹일까. 아니지, 엄마의 따뜻한 밥도 못 먹고 타지에서 공부하는 아들을 불러들일 마음이 기쁨으로 차오른다. 생각만으로도 미소가 뭉게구름처럼 피어오른다.

그이가 옷매무새를 매만지고 삼배를 하려다가 아주버니의 ''아니네'' 하는 허탈한 소리에 무르츰한 상태가 되었다. 모두 잎만 닮은 가짜 산삼에 눈이 착각한 것이다. 그 모습을 지켜보던 형님과 나는 어찌나 우습던지 허리를 제끼며 웃었다. 겸연쩍던 두 사람의 웃음도 같이 섞여 하모니를 이룬다. 한바탕 산의 고요를 흔든다. 유쾌한 화음이다.

소동이 지나간 자리엔 더 깊은 고요가 찾아왔다. 이 해프닝이 결코 웃을 일만은 아니라는 걸 우리는 알기 때문이다. 며칠 전 읽었던 채근담의 한 구절이 가슴을 쓸고 지나간다. "사람이 사사로운 이익을 탐내는 마음이 생기면, 강한 기운이 꺾여 나약해지고 슬기가 막혀 어두워지며 결백도 때가 묻어 더러워져 인품을 깨뜨리고 만다"고 했다. 아무것도 바라는 것 없이 내어

주기만 하는 산에서 욕심을 품다니. 산은 어리석은 우리들의 부끄럼을 알게 하기 위해서 가짜 산삼을 보냈는가 보다. 자연, 그 자체가 우리를 깨우치는 메시지인 것을 이제야 안다.

큰아주버니께서 닮은 산삼에게 한 절은 산에 올리는 삼배로 돌리고 싶다. 사람들이 부처님께 절을 올리고 깨달음을 얻으려 하듯, 그렇게 산의 말씀을 들었다고나 할까.

무겁던 등산화의 무게가 맨발인양 가벼워 발걸음이 빨라지는 하산길이다. 목에 감기는 바람이 더위를 몰고 소소소 지나가고 있다.

(2010. 8.)

# 산에서 길을 묻다

나는 산을 좋아한다. 봄은 봄대로 여름은 여름대로 좋다. 가을은 고운 색으로 갈아입어서 좋고 겨울은 순백색의 눈이 나뭇가지에 쌓여있는 모습이 보기 좋다. 같아 보여도 산은 갈 때마다 다른 모습이다. 그동안 산에 자주 가지 못했다. 주말에는 "해 뜨는 집"에 가느라 다른 취미는 가질 생각도 못했기 때문이다.

순전히 그이의 고집으로 짓게 된 전원주택이다. 앞에는 산이 있고 소나무 숲이 있다. 그곳에서 여름엔 채마밭을 가꾸는 재미에 그이는 시간가는 줄 모른다. 겨울에는 벽난로에다 고구마 구워주는 맛에 내가 시간가는 줄 모른다. 우리가 이렇게 이 집에 빠져있을 때 아주버니 두 분은 등산에 열심이었다. 큰 아주버니는 형님이랑 둘이서 주마다 산을 탔고 작은 아주버니는 산악회에 들어 산행을 했다.

그러다 7년을 정들여온 그 집을 올봄에 팔게 되었다. 주말이면 시간 전부를 보내던 곳이라 우리는 둘 다 갈 곳이 없어졌다. 할 일도 없게 되어 무료한 주말을 어떻게 보내야 하는지가 고민이었다. 그리하여 나선 산행이다. 등산은 큰 아주버니네를 따라나선 군자산을 시작으로 해 뜨는 집을 판 서운함을 잊게

해 주었다.

남편은 3남 2녀중에 막내다. 삼형제가 차로 십분 거리에 있는 음성지역에 모여 산다. 우리가 등산 행렬에 끼면서 작은 아주버니네도 산악회를 등지고 합세하는 날이 많아졌다. 삼형제 내외가 등산을 하게 된 것이다. 일명 가족 산악회인 셈이다. 버스 가득 사람들을 싣고 온 산악회가 부럽지 않다. 그들은 비슷하게 생긴 사람들이 형제임을 짐작하는 순간 우리를 부러워하곤 한다.

뚱뚱해서 산을 오르기 힘들어 하는 그이는 늘 꼴찌다. 한참을 뒤처지기가 일쑤지만 먼발치서 기다려준다. 형들은 그이와 보조를 맞춰 걸으면서 아이들 이야기도 나눈다. 다들 대학을 넘어선 나이지만 아직 숙제가 남은 고3의 조카걱정을 함께 고민한다. 장가 갈 나이의 큰조카의 결혼도 염려한다. 가족이기에 가능한 분위기다. 형제여서 자연스러운 공통화제에 같이 어울릴 수 있어 나는 이 산행을 좋아한다.

우리는 길가에 핀 들꽃을 들여다보고 이름도 불러본다. 어쩌다 새로이 알게 되는 이름도 있다. 때때로 산을 오르는데 힘들기는 하지만 전혀 지루하지가 않다. 오랜 시간을 비바람에 다듬어진 바위와 고목에 눈길을 붙잡히기도 한다. 이렇게 오르는 산행은 남들에 비해 두 배의 시간을 소요한다. 또한 바람은 산으로 올라가면 갈수록 시원하다. 지친 사람들의 한 줄기 위로다. 이 위안을 제대로 즐기는 그이는 온몸 투성이의 흘러내리는 땀을 바람에 맡기는 것이다. 그러면 거짓말처럼 땀은 모습을 감춘다.

등산은 달리 법칙이 있는 것이 아니다. 특별한 기술을 필요로 하지도 않는다. 그러나 중요한건 체력의 나눔이다. 정상에 올라가면서 반을 써야하고 내려오면서 반의반을, 나머지를 귀가하면서 써야 좋은 법이다. 처음에 다 써버리고 내려올 때 고생하는 이들이 있다. 어떤 사람은 정상에서 자신이 생각했던 것보다 경치가 좋지 못하면 실망하곤 한다. 어쩌다 괜히 왔다고 후회하는 이들도 가끔 만난다. 오로지 꼭대기만을 보고 올라왔기 때문인 듯하다. 오는 동안의 잔잔한 기쁨을 그들은 모르고 지나쳐 중간 중간 쉼표를 찍지 않아서일지도 모른다.

우리는 남들보다 늦은 걸음이었지만 산위에서 누구 하나 실망하는 이가 없다. 오히려 경이로움에 감탄한다. 자연을 보고 느끼고 즐기며 왔기에 이미 산이 마음 안에 자리 잡아서가 아닐까. 그리고 바람의 부드러운 소통을 만났기 때문일 것이다.

어떤 사람은 산은 오르기 위해서 있는 것이라고 했다. 나는 오르기 위해서, 그리고 내려오기 위해서 거기에 있어야 한다고 정의내리고 싶다. 산은 오르는 길만 있는 것이 아니다. 내리막도 있다. 아니 사막의 오아시스를 만난 듯 반가운 평지도 나타난다. 몇 개의 봉우리를 넘고 다시 넘어야만 그 산의 정상에 이를 수 있다.

사람들은 인생을 등산에 비유하기도 한다. 힘들게 올라가야만 정상을 볼 수 있다는 같은 이치 때문이지 싶다. 나는 인생을 정상을 향한 하나의 오르막과 내리막으로만 보지 않는다. 산처럼 여러 개의 봉우리를 힘들게 오르기도 하고 내려오기도 하면서 가다 보면 만나는 평지. 거기서 숨을 고르리라.

산에서 길을 묻는다. 지금까지 숨차도록 수 십 개의 봉우리를 오르고 올랐건만 나의 정상은 어디냐고. 산은 아직 묵묵부답이다.

(2010. 8.)

# 신품과 명품

늦은 가을날 가족여행을 잡았다. 삼형제 산악회가 어른들만 하는 산행에서 아이들까지 함께 하자는데 의견을 모았다. 자식들이라야 셋집 합해보아도 다섯 명이다. 아들 넷과 딸 하나인 단촐한 가족구성원인 것이다. 서울에서 학교를 다니고 있는 두 녀석들을 불러 내리고 직장에 다니고 있는 큰 조카도 오라는 지시가 내려졌다. 집에 머무는 둘은 언제든지 대기상태인 셈이다.

아이들은 누구하나 불평하지 않고 어른들의 뜻에 따라주어 이쁘기만 하다. 투정 없이 다들 와주었으니 말이다. 아이들까지 불렀는데 그냥 먹고 자는 편한 여행은 의미가 없는 것 같아 고심했다. 기억에 남는 여행이고 싶었다. 기억이 무늬가 남으면 추억이 된다는 어느 시인의 말도 있지 않은가. 아이들에게 추억을 만들어주고 싶었다.

분분한 상의 끝에 설악산으로 향한다. 지는 단풍에 비해 사람들의 물결이 만들어낸 단풍이 요란한 오후다. 오랜만에 아이들과 오르는 길은 발걸음이 가붓하기만 하다. 시야에서 조금 먼 곳에 병풍처럼 펼쳐진 울산바위가 우리들의 목적지다. 추울까봐 잔뜩 입었던 옷을 하나씩 벗고 둘렀던 목도리도 풀어 제

치며 올라가다 보니 흔들바위에 도착했다. 시간을 헤아려보아 여기서 지체할 시간이 없다. 울산바위를 향해 서두르라는 큰형님의 성화다. 여유를 부리다보면 내려오는 길이 어두워져서 고생할 것 같기 때문이다.

조금씩 위로 올라갈수록 울산바위가 제 모습을 나타내기 시작했다. 점점 가까워지면서 탄성이 짙어만 가고 발걸음은 빨라진다. 바위의 정상으로 향하는 문턱의 시작엔 철계단이다. 808개의 계단을 거쳐서 당도하면 정상이 나온다. 시작부터 사람들의 줄이 이어져 있어 우리도 줄을 섰다. 여기서부터는 한 줄로 올라가야만 한다. 앞사람이 한 발짝을 떼어야만 뒷사람도 한발을 내디딜 수가 있다. 중간쯤에서 정지상태가 한참을 이어진다. 바람은 얼마나 불어대는지 다시 옷을 주워 입고 목도리도 감는다. 밑을 내려다보면 아찔한 공포가 오고 위를 올려다보면 바위의 모습이 경이롭다. 산을 많이 다니면서 자연의 모습에 반했지만 이토록 매료되기는 처음이다. 감탄을 넘어선 감동이다. 이것이 신이 만들어낸 명품이라는 신품神品일 것이다.

이렇듯 자연은 있는 그대로 작품이 된다. 만들려고 해서 만들어내지 않은 그냥 하나의 그림이다. 회화의 예술적 가치를 평가하는 기준의 삼품에는 신품神品. 묘품妙品. 능품能品이 있다고 한다. 신품은 아무것도 표현하지 않으면서 모든 것을 표현하는 뛰어난 작품을 뜻하며 묘품은 정밀하면서도 교묘함을 나타냄이고 능품은 무엇이든지 자기 것으로 소화할 수 있다는 의미이다.

자연의 신품에 빠지다보니 요즘 여자들이 열광하는 명품이 떠오른다. 비싼 가격에 따라 상표도 갖가지여서 나는 보아도 그게 명품인지 모른다. 몇 가지 인지도 모를 메이커를 줄줄 세는 이가 많은데 비해 겨우 두개 밖에 모른다. 흔한 닥스와 루이비통이다.

사십대의 여자들이 명품가방을 하나쯤은 가지고 있어야 된다고 한다. 그 하나도 가지고 있지 않은 나는 열등감이 내재해 있었나 보다. 그런 것에 관심이 없었는데도 잘 아는 가게에 들렀을 때 루이비통이 눈에 들어왔다. 짝퉁인줄 알면서도 망설이지도 않고 덥석 샀다. 진품에는 자물쇠가 달려 있다고 하여 달아보려고 구멍까지 뚫다가 순간 허탈하여 자물쇠를 집어던졌었다. 이게 다 무슨 소용이란 말인가. 그렇다고 그 상표가 되는 것도 아닌데 말이다.

그 가방을 들고 지난해 이맘때 설악산 근처에 있는 낙산사에 간 일이 있다. 이절 홍련암의 기도발이 잘 듣는다하여 아들의 수능을 앞두고 갔었다. 기념품 가게에 염주를 사러 들렀는데 주인이 아는 체를 한다.

"루비똥이네요"

"아니예요. 짝퉁인데요" 반사적으로 대답이 튀어 나갔다. 어이없게도 진짜라면서 우기기까지 했다. 끝내 주인에게 나는 겸손한 손님인 채로 그 곳을 나왔다. 남편은 짝퉁을 진짜라고 하는데 굳이 아니라고 하느냐며 핀잔을 주었다. 남들은 명품을 들어도 안 그렇게 보이는 사람도 있는데 당신은 아닌데도 그리 보이는 게 얼마나 좋은 현상이냐고 하면서 한쪽 눈을 찡긋한다.

지금 짚어보니 은근히 기분이 좋아진다. 내가 그만큼 소화를 잘 시켰다는 의미가 아닌가하는 내면에서 고개를 드는 이건 무엇이지. 이걸 능품이라고 해야 하나. 어쩔 수 없는 여자의 속물근성이라 해도 좋다. 신품과 명품사이에서 나는 낙산사의 그날을 앞으로 은근히 즐길 참이다. 그 분이 손님 듣기 좋으라고 한 립 서비스일지라도 두고두고 캐내어 마음의 위안을 삼을 요량이다. 짝퉁을 명품으로 보이게 할 수 있는 귀한 능품을 가진 나?. 착각속의 내 안에서 들려오는 이 어처구니없는 위로가 명품가방 하나 없는 나에게 밀담 나누듯 그렇게 속삭여줄 것이다.

산을 내려오는 길, 어둠으로 사람들의 말소리는 또렷해지고 낙엽이 길을 지우고 있다.

(2010. 11.)

# 나무의 응답

농막은 그이가 제일 좋아하는 공간이다. 어느 것 하나 손길이 닿지 않은 것이 없어서인지 애착이 많다. 그이가 일하는 시간을 뺀 대부분을 보내는 곳이기도 하다. 아파트가 답답하다며 여름은 여름대로, 겨울은 겨울대로의 핑계거리로 대놓고 여기서 외박을 한다.

여기에서는 사계를 가까이 느낄 수 있다. 이 곳의 배경이 되어주는 자투리 산이 고스란히 계절을 보여주기 때문이다. 나무들이 겨울준비에 들어갔다. 잎을 떨군 채 나목으로 서 있다. 이때쯤이면 찾아오던 새들도 발길을 뚝 끊어 고요하기가 절간 같다. 질식할 듯한 고요 때문일까. 나무들도 일제히 묵상에 들어간 듯 보인다. 무소유를 보여주는 모습 같기도 하고 묵언수행에 들어간 수도승 같기도 하다. 아마도 저 긴 침묵이 끝나면 새들도 찾아오고 봄이 올 것이다.

나무는 땅에 뿌리를 내리고 있을 때는 다 같은 나무이다. 기계로 잘려지는 순간 운명을 달리한다. 수종에 따라 달라지기도 하지만 사람들의 손에 쓰임새가 달라진다. 장작으로 화형에 처해지기도 하고 수없이 못질을 당하며 집으로 태어나기도 한다.

그이 손에 땔감이 된 고사목은 쓰러질 때 예감했을지도 모른다. 이렇게 화톳불로 몸을 불사르리라는 것을. 드디어 고사목의 화형식이 시작되었다. 거부의 몸짓인가. 한 생의 애도인가. 연기를 잔뜩 뿜어대어 그이의 눈에서 끝내 눈물을 보고서야 서서히 잦아들었다. 그리고는 불꽃을 한껏 피워 올리더니 체념한 듯 불티를 사그라뜨리며 잉걸불이 된다.

어린 시절 이 불은 꺼지는 순간까지 화롯불로 방안의 온기를 주었다. 지금, 나는 온기보다도 된장찌개 끓는 소리와 오빠들과 밥을 비벼먹던 그 맛이 더 그립다. 정작 더 사무치게 그리운 건 화롯불을 두고 둘러앉아 불을 쬐던 오빠들과의 정이다.

그렇게 화롯불에 담긴 그리움을 가슴으로 태우는 동안 잉걸불은 지극히 온순해져있다. 타닥타닥 경쾌한 소리를 내며 나무의 한 생을 마치고 있었다. '나무야, 마지막 그 순간에 어떻게 노래가 나올 수 있는 거니' 나는 묻는다.

아마도 땔감으로 정해졌을 때 연기를 낸 것은 잘 타기위한 달굼이었을 것이다. 또한 불꽃을 피워 올림은 몸을 힘껏 태우기 위한 몸부림이었을 것이다. 비록 화로에 담기지는 못해도 화톳불로라도 온기를 남기고 떠나는 게 타닥타닥 소리를 낼 수 있었던 이유였지 않았을까. 나무의 이 순순한 순응은 어디에서 나온 것일까. 겨울의 깊은 묵상에서 나온 해탈 같은 것일까.

나는 이십년을 넘게 우체국에서 일을 하고 있다. 이 직업이 운명인 셈이다. 잘 듣지도 못하고, 보지도 못하고 몸짓까지 어눌한 노인들이 많은 시골우체국에서 그 분들과 쉽지 않은 소통을 해야 하는 게 내 업이다. 잘 통하지 않아 갑갑하고 답답할 때가 많아 내가 지치는 날이 늘어나고 있다. 나는 노인들을 울울하다고 제쳐두지 않고 자꾸만 친절을 주리라 다독인다. 칼칼한 젊은이들에 비해 군고구마의 구수함은 있지 않은가.

그이가 넣어둔 고구마가 잘 익었다. 껍질을 벗겨 한입 베어 문다. 달다. 언젠가는 그 분들로 인해 나의 삶에도 입안을 가득 채우는 이런 단맛도 있을 것이라는 예감이 든다. 그것이 내가 마지막 길에 노래를 부를 수 있는 사유가 될 것이라는 나무의 응답을 듣는다.

(2016. 12.)

# 그 섬에는

그 섬에 가고 싶다. 꿈꾸는 것처럼 보이는 신비스러운 그 곳에 가고 싶다. 다녀온 사람들마다 후기가 제각각 다르다. 좋아서 자꾸만 가고 싶어진다고도 하고 또 어떤 이들은 볼 것이 없어 밋밋하다고도 한다. 나에게는 머릿속에 그려보며 그리워하는 섬. 울릉도이다.

그리 내키지 않아하는 그이를 향하여 며칠에 걸쳐 노래를 불렀다. 음치인 내 노래를 더 이상 듣지 못하겠는지 그이가 휴가 여행지로 허하였다. 2박3일을 그 섬에서 보내기로 한 것이다. 여행은 늘 가기 전의 준비로 들뜬다. 막상 떠났을 때보다 전날의 설렘이 좋다. 그이는 기대되지 않는 눈치다. 혼자서 앞선 배멀미를 걱정하고 있는 것 같았다. 불청객인 멀미도 여행의 일부이지 싶다.

드디어 섬에 오르는 배를 탔다. 파도가 센 편이라고 한다. 2층에 자리를 잡은 둘은 미리 멀미약을 먹고 단단히 채비를 한 상태다. 세 시간이면 도착 할 수 있다는 기대로 마음이 울렁인다. 이 울렁증은 멀미로 바뀌어 잠을 청해 보아도 잠잠해지지 않는다. 멀미 때문에 배안의 에어컨온도를 낮게 해놓아 추위는 무릎담요로도 해결이 안 된다. 한겨울 추위 속에 평소보다 한 시간을 더 걸려 초죽음이 된 채 섬에 발을 들여놓았다.

배에서 시달려 돌아다닐 엄두가 나지 않아 숙소에서 하루를 허비했다. 다음날, 길을 나서면서 도로가 엉망인 것을 알았다. 중앙선은 보이지 않고 육지의 포장도로는 고속도로다. 화산폭발로 만들어진 최대평지인 나리분지에서 점심을 먹었다. 주인은 비빔밥에 나온 국이 무슨 국인지 아느냐고 묻는다. 시래기국이라고 말하자 고개를 흔든다. 다들 시래기로 알더라고하며 엉겅퀴라고 답해준다.

엉겅퀴는 들에서 보았던 곧추세운 꽃대에 가시를 잔뜩 단 보라색 꽃이다. 꽃이 예뻐서 꺾으려다가 가시 때문에 포기하던 도도한 꽃이다. 그 가시를 어쩌고 국을 끓이는지 이해가 되질 않았다. 나의 의아함을 읽은 주인은 울릉도의 엉겅퀴는 가시가 없다고 한다. 가시하면 제일 먼저 떠오르는 장미에게도 없다는 것이다. 도저히 가시가 없는 장미가 상상이 가지 않는다.

이 섬에는 해충이 없다. 뱀도 들짐승도 없는 낙원이다. 육지처럼 고라니의 출현에, 멧돼지의 횡포로 농작물을 망칠일이 없다. 가시란 상대로부터 자기를 보호하기위해 생겨난 것이기에 해칠 해충이 없으니 자연적으로 퇴화되었다고 한다. 화려한 꽃일수록 억센 가시를 가지고 있는 듯하다. 남을 찌르기 위한 것이 아니라 자신을 지키기 위하여 생긴 무기인 셈이다.

꽃의 가시이야기를 들은 그이는 나를 빗댄다. 그이에게 나는 온몸에 가시가 달린 사람이라고 한다. 날카롭게 세우고 있다가 찔러댄다는 것이다. 예쁘지도 않은 사람이 왜 그리 가시가 많은지 모르겠다고 놀려댄다. 내 딴에는 부드러운 여자라고 생각했는데 그이의 말은 충격이었다.

내 안에 가시가 그리 많은 줄 몰랐다. 사람들에게 상처를 많이 받았다는 증거가 아닐까 생각해본다. 생채기가 날 때마다 나를 방어하기 위해 하나씩 돋은 가시가 온몸으로 번진 건 아닐까. 내가 외로운 건 사람들이 찔릴까봐 다가와주지 않아서인지도 모르겠다. 그 가시로 누군가를 찌르고 있었는지도 모를 일이다.

나도 울릉도 아낙이 되면 가시가 없어질까. 해안도로를 걸으면서 시 한 구절로 위로해본다.

"가시투성이 삶의 온몸을 만지며 나는 미소 지었지.
이토록 가시가 많으니 곧 장미꽃이 피겠구나"

(2017. 8.)

# 어쩌다 도둑

모처럼의 반가운 햇살이다. 여름 내내 비가 오는 날이 많아 과일의 당도가 떨어지고 고추는 꼭지가 다 빠져버려 성한 게 없다. 농작물의 수확이 시원찮아 농민들의 한숨이 깊어간다. 농촌 들녘에 시름을 뿌리고 나서야 긴 비가 그치고 제 모습을 드러낸 햇빛이 대지에 다투듯이 쏟아진다. 높고 깊어진 하늘이 눈부신 가을을 마중하고 있다.

볕이 좋은 날은 빨래를 잔뜩 빨아 널고 싶다. 이불도 내어널고 베개도 바람을 쏘여 빛도 쬐이게 하고 싶다. 이럴 때는 아파트보다는 주택에 살았으면 좋겠다. 하루 중에 가장 마지막에 하는 일과가 빨래를 개키는 일이다. 제일 먼저 수건을 접는다. 몇 번으로 끝나기도 하고 돌돌 말아 간단히 해결되기 때문이다.

접는 방법이 있는 것도 아니고 배운 적도 없는 이 일은 내겐 어렵기만 하다. 개다보면 모양이 삐뚤어지고 제각각 되어서 마음에 쏙 들은 적이 없다. 내가 귀찮고 싫어하는 일이다. 또한 마음이 소요스러울 때 빨래를 개다보면 마음이 가라앉기도 한다. 똑바로 각을 맞추느라 신경을 쓰고 반듯하게 생김을 만들면서 나도 모르는 사이 차분해진다.

수건을 접다가 낯선 게 눈에 들어왔다. 펼쳐보니 훔친 수건이라고 쓰여 있다. 순간, 당황하여 어찌된 일인지 경로를 짚어보았다. 주말에 여행을 다녀왔는데 숙소에 있던 수건이 딸려왔나 보다. 짐을 실으려는데 비가 와서 그이가 머리에 쓰고 옮긴 후에 두고 온다는 것을 잊은 듯 했다.

작정한 짓은 아니지만 도둑이 되었다. 이런 글자가 새겨진 수건도 처음이지만 이런 일도 처음이다. 주인의 입장도 헤아려지지만 야박한 세상을 보는 것 같아 씁쓸하기만 하다. 위트로 넘기기엔 가시가 날카롭다. 이대로 있기에는 스스로 인정하는 꼴이 되어 자수하기로 했다.

전화로 해서 돈으로 물어주거나 택배로 보내주는 방법을 생각해내었다. 어떤 게 좋은지 그이에게 물어본 내게 돌아온 답은 "왜 이렇게 세상을 어렵게 사느냐"였다. 사람들이 다 나와 같다면 숨이 막혀 살수가 없다는 것이다. 그냥 걸레로 쓰면 될 일을 융통성 없이 복잡하게 만든다고 했다.

그이의 지론은 쉬우면서도 간단한 문제다. 맞는 말이 아닌데도 설득력이 있었는지 왠지 귀차니즘이 내 생각을 주저앉혔다. 이렇게 우리는 그만 도둑이 되었다. 그리고 뽀얀 수건은 한순간에 그이의 차를 닦는 걸레로 전락해 버렸다. 누구의 손에 있느냐에 따라, 어디 있는지에 의해 처지가 바뀌는 걸레를 보면서 환경에 좌우되는 한 사람의 생을 짐작해보게 된다.

얼떨결에 도둑이 된 나는 발이 저린다. 양심의 체기에 걸려 있다. 나라는 집에 성큼성큼 들어와 마음을 훔쳐간 사람들도 발이 저릴까. 오히려 그들은 당당하다. 도리어 허한 내 가슴이 저리다. 잔뜩 후벼 파가고도 가져간 줄 모르고 내가 먼저 가져왔다고 곱절로 가져간다.

그들은 가져간 내 마음을 끝까지 돌려줄 생각이 없어 보인다. 아마 지금도, 앞으로도 쭉 가져갈 것이다. 현재진행형이며 미래형이다. 그러나 미워할 수가 없다. 나의 도둑님들이기 때문이다.

긴 장마를 거두고 햇살이 녹차 밭에 내려앉는 곳. 초록의 잎에 부서지는 볕으로 찻잎이 두툼해지고 향이 깊어지는 구월의 어느 날, 어쩌다 도둑이 되었다. 우리는 도둑놈이 되었고 그들은 나의 도둑님이 되었다.

문득 억울하다고 느껴지는 날, 이런 표지판이 걸릴지도 모를 일이다.

"도둑님들! 나라는 집에는 가져갈 것이 별로 없습니다. 옆집을 이용해주시면 감사하겠습니다. 쥔장 백."

(2017. 9.)

# 봄의 기억법

봄은 알고 있지 않을까. 어느 때에 꽃을 피워야 하는지, 언제 잎을 틔워야 하는지를. 어느 게 잎이 먼저고, 꽃을 먼저 피울 나무인지를 서로 헷갈려하지 않는걸 보면 이미 다 알고 있다. 꽃등을 환히 밝히고 나서야 푸른 잎을 다는 나무는 세상을 밝히는 희망의 전령사다. 무거운 겨울을 밀어내고 마음에 봄을 들여놓게 한다.

온 몸으로 추위를 묵묵히 견디고 꽃을 피워낸 나무가 긴 묵언수행을 하고 돌아온 것처럼 처연해 보인다. 싸움터에서 치열하게 싸우고 돌아온 용감한 무사 같기도 하다. 두꺼운 외투를 껴입고도 난방을 틀어대는 사람들은 얼마나 나약한 존재인가. 꽃나무 앞에서 숙연해지는 봄이다.

꽃샘추위로 아랑곳하지 않고 나무는 꽃잎을 연다. 가끔 고약한 눈에 까무러치기도 하지만 끝까지 가지의 손을 놓을 수가 없다. 꽃이 꽃이란 이름으로 불리기 위해서다. 막바지의 안간힘을 쓰고서야 아름다움을 발산한다. 이토록 눈부신 꽃을 피울 수 있는 이유는 차가운 영하의 날씨를 이겨냈기 때문이다. 꼭 이 과정을 거쳐야만 화려한 꽃을 피우게 되는 것이다.

개나리가 너무 예뻐 외국인이 따뜻한 제 나라에 가지고 가서 심었다고 한다. 그런데 웬일인지 꽃은 피우지 않고 잎만 무성하더라고 한 글을 본 적이 있다. 그건 겨울을 견디는 시간이 없어서이다. 이를 춘화현상春花現象이라고 한다. 자연과학의 용어로 차가운 영하의 기온을 반드시 거쳐야만 꽃을 피우는 것을 지칭하는 말이다.

춘화현상은 어디 자연 뿐이랴. 사람들에게도 누구에게나 이런 시기가 있다. 인생에서는 언제 어떤 모습으로 나타날지 모르는 일이다. 선택의 기로에 놓여 고심하기도 하고 앞이 보이지 않는 길을 걸으며 지칠 때도 있다. 맞게 가고 있는지 막막할 순간이 오기도 한다. 때로는 솟구친 돌부리에 넘어져 피를 흘리게 될지도 모른다. 분명한 건 한 번으로 끝나지 않는다. 그 때마다 인내는 자신을 시험하려 들것이다.

아들에게도 이 과정이 있었다. 대학에 떨어져 재수를 했던 일 년이란 시간이다. 시골에서 서울로 가 학원을 다니는 결정을 했다. 좁은 고시원에서 자신과 싸웠을 터이다. 혼자서 나약해질 때마다 얼마나 추스르고 채찍질 했을지 짐작이 간다. 처음으로 닥친 겨울을 잘 이겨내 주었다. 스무 살에 겪은 추위는 아마도 얼음물에 발을 담근 것 같은 체감온도였으리라.

위기가 왔을 때 힘듦을 남에게 돌리면 훨씬 힘들어진다. 남 탓, 환경 탓의 어리석은 분노는 희망이 없다. 스스로를 괴롭혀 좌절하게 만든다. 나에게 닥친 모든 일은 남이 해결해 주지 않는다. 외부에서 온 게 아니라 내 안에서 나와 부딪혀 발생한 충돌이다. 행복과 불행이 나로 인해 결정되는 것이다.

나에게도 유난히 춥고 혹독한 지난겨울이었다. 사소한 이유에서 시작된 오해는 심한 부부통夫婦痛을 앓게 했다. 내 탓이었기에 아프다고 소리도 지르지 못했다. 속으로 감내하면서 봄을 기다려왔다. 세상에 꽃을 피워대니 나에게도 봄이 찾아왔다.

그랬다. 나무는 저마다의 아름다운 꽃을 피우기 위하여 긴 겨울을 수도승인양 참고 기다렸다. 찬란한 봄을 위해서라면 춘화현상을 당연한 듯이 피하지 않았다. 혹한도 마다않고 숙명처럼 받아들이고 있었다. 겨울을 필연처럼 견디어야만 오는 계절. 나무는 봄을 그렇게 기억하고 있는 듯 보였다. 나무가 기억하는 봄, 그 기억법을 나는 가슴에 문신처럼 새긴다.

(2018. 4.)

# 나 먼저 꽃 피어

풀들이 바람에 몸을 숙인다. 바람 부는 쪽을 향하여 일제히 물결친다. 내 가슴까지 오도록 키워온 풀들의 기세가 등등하다. 바람과 맞서지 않아야 꺾이지 않고 살아남는 생존법을 질긴 생명력으로 터득했을 터이다.

처음에는 명아주가 우뚝 솟았다. 그에 질세라 망초대가 뒤를 잇는다. 조금씩 장악하더니 이제는 제 터 인양 풀밭이 되었다. 밖을 내다보면 어김없이 눈에 들어오는 밭에서 조동화의 시를 낚는다. 네가 꽃피고 나도 꽃피면 결국 풀밭이 꽃밭이 되는 것 아니겠느냐는 시구가 길을 건너 와 박힌다.

밭은 우체국에서 도로 건너에 있다. 하루에도 몇 번씩 건너편에 눈길이 가는 그 곳이 숲이 되기까지는 순식간이었다. 앞집에서 세워둔 농기계의 본래의 모습이 자꾸 사라지고 있다. 반쯤 풀에 잠겨 바다에 떠있는 돛단배 같다. 이렇게 풀들은 주인 할머니의 부재를 말해주고 있다.

이 밭은 구순이 넘으신 할머니가 농사를 짓던 땅이다. 고추와 파가 심겨진 밭은 매끈했다. 풀이 얼씬 못하도록 김을 자주 매었고 고추대도 세워 반듯했다. 부지런함을 고스란히 보여주었던 밭이다. 할머니가 작년 겨울에 돌아가시면서 자제들이 팔

아버렸다. 동네에서 사서 공원을 만들 계획이었다. 공사를 시작하려고 하니 밭에 심겨진 나무가 말썽이었다.

호두나무로 수령이 몇 십 년 되어 보인다. 할머니가 애지중지하던 나무다. 지나던 사람이 호두를 딸라치면 혼쭐을 내셨다. 동네에서는 나무 값을 치러야 일을 진행할 수 있는데 할머니의 아들 둘이서 다투고 있는 바람에 해결을 못하고 있다고 한다. 서로 자기 것이라고 양보를 하지 않는 사이에 숲이 된 것이다.

어이없는 싸움에 풀들이 제 세상을 만났다. 얼마나 큰 값이 나가서 싸우기까지 하는지 궁금했다. 내 귀를 의심하게 만든 금액은 사십 만원이었다. 풀밭을 보고 있을 때만큼이나 씁쓸하다. 사람들마다 형제들이 입방아에 오른다. 형에게 양보하지라는 사람과 동생주면 안되나는 상반된 의견이 오고간다. 싸울 것 없이 반씩 가지라는 원칙을 내세우는 이들도 있다.

나무 한 그루를 두고 한 치도 물러섬이 없는 형제를 보면서 나는 또 한편의 동화가 떠올려진다. 서로 상대의 볏단에 자기의 볏단을 나르던 의좋은 형제가 그려진다. 아랫사람으로서 윗사람에게 욕심을 포기해야하고 윗사람은 너그러이 내어줄 줄 알아야하건만 그리 안되는 게 사람이다. 형제간의 우애가 좋은 집을 보기가 드무니 말이다.

건너에서 지켜만 보던 나무를 가까이에서 들여다본다. 거기에 늘 있어왔던 나무였기에 자세히 본 적이 없다. 한 그루려니 했는데 몸통이 둘이다. 같은 뿌리에서 두 개의 나무가 자라난 연리목인 듯하다. 형제간의 불화不和를 이미 알고 있었다는 것처럼 현답을 내리고 있는 나무를 보았다.

생전 밭이나 나무에게 관심이 없었던 그들을 만나면 이 말을 들려주리라. 둘이 대립하지 말고 하나씩 나누라는 나무의 암시를. 야박한 우애를 탓하기 싫어 차라리 "콩 한 쪽도 나눠 먹는다"는 속담으로 읽어도 마음의 허허로움은 가시질 않고 있다.

내가 웃어 보이면 상대도 웃어주기 마련이다. 화해란 자존심을 수그리고 용기를 내는 사람만이 얻는 평화다. 웃기위해서는 서로 마주보아야 한다. 누구라도 먼저 웃어 따라 웃으면 무표정의 얼굴이 꽃으로 피어날 텐데. 그러면 마음에 꽃밭이 생기련만.

어차피 피어날 꽃이라면 내가 먼저 필 일이다. 내가 피어 너도 핀다면 꾸물대지 말고 서두를 일이다. 그리하여 온통 꽃밭이 되면 풀이던 망초대도 꽃이 되지 않겠는가.

(2018. 6.)

# 6

## 꽃의 비밀

# 6부. 꽃의 비밀

# 쉰, 축제는 시작되었다

시린 11월이다. 가을날 맘껏 색색으로 화려했던 나무들도 찬바람이 낯설어 움츠러든다. 겨울을 나기 위해 스스로 제 잎을 다 떨구어내고 있는 나무들을 보노라면 묵언중인 수도승처럼 엄숙해 보인다.

지금, 이 계절은 남다르지가 않다. 남겨진 달력이 마저 넘겨지면 내 나이 쉰이 된다. 내가 지금 서 있는 인생의 계절인 셈이다. 어느 시인은 늙어가는 것이 서러운 게 아니라 아무것도 한 게 없는 게 더 서럽다고 했다. 자꾸만 뒤를 돌아보게 되는 나는 쉰 살의 문턱에 서 있다. 선뜻 발걸음이 떨어지지 않아 망설이게 되는 나이다.

서른에는 아들을 키우는데 시간을 쏟아 붓고 마흔에는 대학에 보내기까지 시간가는 줄 몰랐다. 이제 한숨 돌리려하니 쉰이다. 이때가 되면 갱년기라는 불청객이 찾아온다고 한다. 그 손님은 또 다른 나로 변하게 한다는 것이다. 부끄러움도 빼앗아가고 우울증으로 마음을 괴롭히기도 하고 몸의 여기저기를 고장 나게도 한다고 한다. 벌써부터 나에게도 전염병이 찾아올까 겁이 난다.

삼십대는 젊어 보이려 애썼고 사십대는 우아 하려고 포장한 나였다. 남에게 어떻게 보일까 하는데 신경이 쓰였다. 앞만 바라보고 가야지 앞이 잘 보이는 줄 알았다. 차운전을 할 때는 백미러로 뒤도 돌아보고 옆도 살펴야 안전하게 가는 줄 알면서도 인생은 그래야 하는 줄 몰랐다. 삶도 운전과 별반 차이가 없다는 것을 쉰 살 즈음, 나는 이제야 안다.

쉰 살, 여자 나이 많지도 적지도 않은 나이다. 가족 누구도 나를 귀찮게 하지 않는 여유로운 나이다. 나의 시간도 계획도 아들에게만 맞추어져있던 시침時針이 이제 고스란히 나를 향해 맞추어져 있다. 혼자서 늙어가는 걸 서러워할게 아니라 즐겨야 하지 않을까.

무엇이든지 처음이 어렵다. 사람은 시작만 하면 할 수 있는 용기가 생기고 자신감이 생긴다. 나이라고 별 수 있으랴. 문턱을 한 발짝만 넘으면 된다. 이 문을 들어서면 있는 그대로의 나로 돌아가는 연습을 할 것이다. 이제, 우아 하려고 애쓰지도 않고 내 자신에게 비겁하지 않고 솔직할 것이다.

주저하지 않고 자신 있게 발걸음을 떼어 놓을 쉰. 멀리하던 음악도 감상하고 닫았던 책도 열어서 비워진 머릿속의 지식창고도 채우리라. 또 혼자 차를 몰고 자연도 즐기면서 빈 의자에 앉아 마음도 쉬어 보리라.

여자나이 오십을 매혹의 나이라 한 이도 있다. 가을의 단풍은 단풍으로서 예뻐야 하는 법이다. 단풍이 빨갛다고 빨간 꽃과 비교해서는 안 된다. 단풍은 꽃이 될 수 없을 테니까 말이다. 또한 비교는 사람을 언제나 초라하게 만들기 때문이다.

이때, 홀로 있는 시간이 많아져 안으로 성숙해질 때다. 생각이 깊어져서 속으로부터 퍼올려진 맑은 영혼의 나를 만나야 할 때다. 지나가는 가을을 아쉬워 말고 겨울이 오고 있음을 겸손하게 받아들여야 한다. 자연이 순리를 순순히 받아들이듯 나도 인생의 이치를 도튼 나무처럼 저항 없이 받아들여야 한다.

쉰, 축제는 시작되었다. 인생의 제 2막을 알리는 신호탄이 곧 울릴 것이다. 마음껏 나는 이 축제를 즐기고 싶다. 어깨에 짊어진 욕심도 내려놓고 나를 숨기느라 바리바리 걸쳤던 옷들도 벗어 놓을 테다. 날아갈 듯이 가벼운 채로 제대로 이 축제에 나를 맡기고 싶다.

(2013. 11.)

# 노을기

아! 노을이어라. 퇴근길에 단풍 물들인 하늘이 차안으로 와락 달려든다. 이 황홀한 모습을 보고 감탄하지 않을 사람이 있을까. 혼자서 "어머나"를 연거퍼 질러댔다. 지금껏 이리도 고운 노을은 처음이다.

나는 이 노을을 끝까지 지켜보고 싶어 차를 길가로 세웠다. 한참 이 아름다운 광경을 지켜보는데 갑자기 애린 마음이 찾아왔다. 해가 지면서 마지막 빛을 한꺼번에 다 풀어내고 가려는 안간힘처럼 느껴지는 것이다. 마치 이 노을이 내가 지금 서 있는 인생의 50대를 말하는 것 같았기 때문이다. 태양은 낮 동안 온 힘을 쏟아 곡식을 키워내고 열매도 익게 했다. 그리고는 어둠이 오기 전에 자신의 존재를 알리듯 남은 빛을 풀어내고 져가고 있었다.

정신없이 아들을 키워내고 나니 중년이 되어 있다. 기운도 없어지고 허리도 굽어지는 황혼의 바로 앞길을 걷고 있다. 나이를 받아들이듯이 내 몸도 실재를 알리기 시작한 것이다. 이제껏 크게 아파서 병원을 간적이 없었는데 불청객은 내게 감기처럼 불쑥 찾아왔다.

꽃샘이 입김을 불어대던 즈음, 힘이 쭉 빠져나가면서 어디라고 꼬집어서 말할 수 없이 온몸이 다 아팠다. 몸살처럼 며칠을 앓다가 의사를 찾아가서 들은 병명은 갱년기였다. 녹두알만한 약을 먹으라고 처방해 준다.

남들은 이 시기에 열이 오르락내리락하여 더워서 난리인데 나는 웬일인지 추워서 야단이다. 전기장판을 켜고 겨울이불을 덮어도 한축을 한다. 이런 나와 그이는 상극이다. 잠자리에서 온도 때문에 자주 부딪혔다. 그래서 생각해 낸 것이 온도조절기가 두 개 붙어있는 전기장판을 샀다.

우리 집의 두 남자는 요즘 중2병보다도 더 무섭다는 갱년기를 모르는 듯 했다. 한 남자는 아침마다 조그만 알약을 먹는 아내의 모습에 시큰둥하고 또 한 남자는 제 아빠에게 책임을 전가해 버린다. 어쩌다 객지에서 손님으로 온 아들이 무슨 약이냐고 물어서 갱년기가 와서 먹는 호르몬제라고 하니 "아빠. 엄마 좀 잘 보살펴주세요" 이 한마디가 전부였다. 싱겁기 그지없다.

요즘은 딸들이 엄마들을 축하해 준다고 한다. 초경을 치룰 때 부모가 파티를 해 주었듯이 딸들이 철들어 엄마의 완경기라 하여 파티까지 열어준다고 하니 부러운 일이다. 둔한 남자들을 보고 있자니 이래서 엄마에겐 딸이 있어야 된다고 하는가 보았다.

나는 웬일인지 사춘기 소녀처럼 눈물이 많아졌다. 이유 없이 뛰는 가슴도 고장 난 게 맞다. 이 나이에도 멋진 이성을 보고 뛰는 것이라면 좋으련만, 가슴도 나이를 먹어 무뎌졌는지 남편과 연애할 때 뛰었던 게 마지막이었다.

그이는 땡볕에 뽑아놓은 풀 모양 기운을 잃은 내가 측은한 생각이 들었는가 보았다. 밖에서 귀동냥을 하였는지 갱년기에 좋다며 홍삼액을 사들고 와서 마시라고 디밀었다. 이 한 봉지에 며칠 서운했던 마음이 사르르 녹았다. 그이마저도 모르는 척 했다면 서러움에 우울했으리라. 여자들의 우울증은 무관심으로부터 출발하는 것 같다.

나는 전에 우울증이 오려고 한 적이 있었다. 아들이 대학에 떨어지면서 기대했던 마음이 무너지고 나락으로 떨어지는 그 느낌. 누구에게도, 무엇으로도 위로가 되지 않았다. 아들 자신도 괴롭고 힘든데 엄마인 나는 그런 모습이 눈에 들어오지 않았다. 힘든 아들을 다독이어야 하건만 나 하나도 추스르지 못하고 허우적거렸다.

이런 내게 그이가 쓴 처방전은 아파트 리모델링이었다. 집안의 분위기를 바꾸어 기분을 전환시켜 주려는 계산이었다. 그이의 셈은 착오가 없었다. 배려라는 따뜻한 손길 덕분인지 나를 어둔 터널에서 빠져나오게 해주었다.

갱년기의 우울증이 무섭다는 말을 들은 그이가 이번에는 지레 겁을 먹고  또 일을 벌였다. 나는 면허를 딴 지 얼마 안 되어서 중고차를 샀다. 처음부터 새 차를 사기엔 운전이 불안하여 새 차는 자신이 없었다. 이즈음 앞차를 박는 사고를 냈다. 마침 녹슨 차를 타는 게 늘 마음에 걸려했던 그이는 나에게 극처방인 새 차를 뽑아서 보여주는 것이었다. 갓 세수하고 나온 멀끔한 얼굴의 아반떼. 내가 첫 주인이 되다니. 나는 왜 사고를 쳤느냐며 그이에게 투덜대면서도 고마웠다. 이렇게 가끔씩 나를 놀라게 하는 재주가, 그런 달달함이 지금껏 우리 가정을 탄탄하게 버티게 해주는 것 같다.

오십대가 되니 아이들을 다 키워놓아 하나 둘 집을 떠나간다. 엄마들은 자식들을 향하여 거미줄처럼 늘어트려 놓았던 신경줄을 단번에 끊으면서 허탈감은 용케도 알고 찾아온다. 나는 지금까지 무엇을 했나하는 자괴감이 자신을 괴롭히면서 공허감도 동반한다. 이 둘은 갱년기를 부르는 사이좋은 관계다. 여자들에게 우울증을 몰고 오는 먹구름인 셈이다.

갱년기. 이제부터는 홀로 서기를 해야 할 때다. 남편으로 부터도 자유로워지고 아이들에게서도 벗어나 자신만을 위해 살라고 주어진 시기인듯하다. 앞으로 남은 시간은 엄마로서가 아닌, 아내로서가 아닌 오로지 나만을 위한 삶을 살 때이다. 내가 자식이나 남편에게 칭얼대 봐도 소용없다. 그들은 직장일로, 학교일로 바쁘다는 핑계를 댈 것이기 때문이다. 귀찮아할 것이기 때문이다.

나에게 찾아온 반갑지 않은 갱년기를 저 하늘의 노을을 따서 노을기로 부른다. 황혼이 되기 전에 저녁하늘을 곱게 물들이는 노을이고 싶어서다. 아니 초라한 노구가 되기 전에 지금부터라도 뜨겁게, 붉게 타고 싶어서이다. 100세 시대라고 하는 요즘에 이제야 반밖에 더 살지 않았는가. 후회 없는 삶을 살기에 충분한 시간이지 않은가.

그 붉던 노을이 점점 사라지고 있다. 저토록 고운 것은 오늘에 최선을 다 했음을 태양은 말하고 있음일 것이다.

(2016. 11.)

# 꽃의 비밀

나무의 사계를 지켜보고 있으면 숙연해진다. 잎눈을 여느라 안간힘을 하는 봄. 잎의 무성을 위해 수액을 빨아올리는 쉼도 없는 여름. 색색의 단풍 옷으로 변장을 하는 가을. 또한 영하의 추위에 맞서 싸우지 않고 고개를 수그릴 줄도 안다. 분신같은 잎을 다 떨구고 나신으로 겨울을 견디는 인내도 있다. 나에게는 이들이 현자賢者다.

나무의 눈꽃위로 산다화가 피었다는 소식이 들려온다. 은사시나무가 유난히 하얀 색이 될 즈음이면 봉오리를 벌리는 과감한 꽃이다. 서서히 부풀리며 꽃잎을 피울 때를 기다린다. 벌도 나비도 없는 겨울에 개화하는 데는 자기만의 고집이 있어서다. 유난히도 자신을 좋아하는 동박새가 찾아올 거라는 믿음 때문이다.

동박새는 달콤한 꿀을 먹으러 왔을 뿐이다. 새의 부리로 스치고 지나가면 꽃은 그때부터 환하게 피어나기 시작한다. 추위는 방해가 되지 않는다. 한 번의 입맞춤으로 제 몸을 불사르듯이 붉게 타오른다. 자신의 배를 불린 새는 꽃에게는 관심이 없다. 빨갛게 피워내는 모습을 지켜보아 주지 않는다. 유혹을 기다려주지 않고 떠나는 동박새를 향해 꽃은 화려하게 색을 펼치는 것이다.

이 꽃은 지기 직전에 가장 붉게 타오른다. 가지에 매달린 채 시들어가는 추한 모습을 보이지 않는다. 한 장 한 장 꽃잎이 말라가면서 낙화하기보다 끝까지 아름다운 모습이고 싶어 한다. 그리하여 한창 고운모습일 때 송이 째 미련을 두지 않고 떨어뜨린다. 절벽 아래로 뛰어내리듯이 툭툭 떨어진다. 이 모습을 보고 님을 떠나보내는 눈물방울이라고 했던가.

땅위에 떨어진 꽃들은 다시 빨갛게 피어난다. 이토록 자신을 두 번이나 달아오르게 한 동박새를 본 적이 없다. 꽃눈이 닫혀서 볼 수가 없었고 눈을 떠서 보려 할 때는 이미 가버리고 없었다. 정작 새는 동백에게 온몸이 떨리는 터치였음을 모르는가보다. 그리하여 매혹적인 꽃이 되었음을 전혀 모르는 눈치다.

동백꽃은 이룰 수 없는 사랑에 많이 비유된다. 청마 유치환과 이영도의 사랑을 동백꽃 사랑이라고 말한다. 둘은 시인으로 유부남과 미망인의 만남이다. 이들은 20년 동안 날마다 편지로 사랑을 나누었다. "사랑하였으므로 행복하였네라"는 이영도에게 보낸 글속의 한 구절이다. 유부남인 청마와의 이루어지지 않는 사랑이기에 더 애절했을 터이다. 그러다가 그가 자기를 만나러 오는 길에 교통사고로 세상을 떠난다. 그 소식을 들은 그녀의 눈물이, 울음은 아마도 피를 토해내는 아픔이었으리라.

오래전에 오동도의 동백 숲에서 보았다. 자기를 흔들어준 누군가를 그리워하며 핏빛 연서를 땅에 풀어내고 있음을. 기다림에 지쳐 실망하여 고개를 떨굼을. 하 서러워 토해내는 오열이었다. 동박새가 돌아왔을 때 누구보다도 아름다워 보이고 싶은 꽃의 처절한 몸짓으로 보였다. 그래서인가. "그 누구보다도 더 그대를 사랑합니다"라는 꽃말이 잘 어울리는 꽃이다.

푸른 잎을 단 사철나무인줄 알았던 동백에게 꽃이게 해준 동박새. 그를 기다리며 땅위에 풀어놓는 꽃송이의 선홍빛 바다.

그건 차라리 절박한 그리움을 쏟아내는 여인의 각혈이다.

오롯이 저 혼자 가슴을 사르는 때늦은 동백이 있다. 조매화鳥媒花인 이 꽃에게 새는 온 적, 간적이 없다. 어찌하여 열이 들끓고 펄펄 앓는지 아무도 모른다. 바람이 건들고 갔다고 바람결이 전해줄 뿐이다. 휘휘 가버린 바람은 동백의 숨멎는 떨림을 알아차렸을까. 곱씹은 노을빛 연정이 후드득 떨어지고 있다. 이건 분명 외도다.

"쉿, 꽃의 비밀이야"

(2017. 3.)

# 바람 왈츠

헉, 신호등이 갑자기 바뀌었다. 급브레이크를 잡고 간신히 섰다. 초록색 신호여서 충분히 지나갈 줄 알고 달리던 중이다. 이렇게 순식간에 신호가 끊기고 정지하게 될 줄 내 계산에 없었다. 차안에서 신호대기하고 있는데 또 하나의 나를 보았다. 걱정을 하지 않고 앞만 보고 달리다가 건강 신호등의 빨간불에 걸려 오두망찰 서있는 모습이다.

쉰둘의 봄날 갱년기는 느닷없이 찾아왔다. 남들은 열이 오르고 체중도 늘어난다고 한다. 우울증 증세도 같이 따라온다고 하여 미리 걱정했었다. 다행히 나의 증세는 사춘기에 앓는 몸살처럼 왔다. 봄을 많이 타서인지 어느 해보다도 더 몸이 달았다. 상처가 난 곳에 새살이 돋듯이 간질간질하고 설렘이 나를 들뜨게 했다. 이런 봄으로 왔다.

정작 갱년기는 순하여 걱정이 아니건만 전혀 염려한 적이 없는 혈압이 겁을 줄줄 몰랐다. 갑자기 찾아온 고혈압은 나를 당황시킨다. 170mmHg가 넘는 나를 보며 의사는 갑자기 신경 쓸 일이 있었느냐고 묻는다. 살면서 신경을 쓰지 않으려 해도 써지는 게 당연한 일이니 모르는 사이에 써졌는가 보다. 약을 처방해주면서 생활처방을 같이 주었다. 첫째로 운동이다. 또 체중을 줄이고 금연과 금주, 고기위주의 식단을 피하라고 한다. 이 중에 나에게 해당되는 것은 운동밖에 없다.

고혈압은 갑자기 일을 낼 수 있는 시한폭탄 같은 것이 아닌가. 자신도 힘들지만 주위에서 더 고통스러운 결과를 가져 올 수도 있는 질병이다. 생각만 해도 우울하고 속이 상해 온다. 퇴근 후에 음성천을 돌기로 했다. 해이해지는 나를 다잡아서 걷는다. 사람들은 살을 빼려고만 운동을 한다는 고정관념이 있다. 아는 이들은 무슨 뺄 살이 있다고 운동을 하느냐고 말한다. 내 속을 모르는 야속한 사람들이다.

하나를 얻기 위해서는 하나를 잃는 게 자연의 이치라더니 체중이 줄기 시작한다. 지금도 저체중인데 적잖이 고민이 된다. 체중은 잘 먹으면 될 일이라지만 내게는 혈압이 더 무섭다. 차라리 몸매관리를 위한 운동이라면 하루하루 달라지는 모습에 얼마나 기쁜 일일지. 오히려 그들이 부럽다. 언제 터질지 몰라 무서워서 하는 나는 발걸음이 무겁기만 하다.

둑길로 올라섰다. 길가에 벚꽃의 꽃잎이 날린다. 팝콘 같은 꽃잎이 꽃비로 내리면서 마치 왈츠를 추는 듯하다. 사뿐히 내려앉는 모양은 우아한 춤사위다. 그러다가도 한꺼번에 쏟아져 내리면서 사방으로 흩어진다. 경쾌한 리듬이 된다. 사람들은 꽃잎의 화려한 낙화에만 홀려 감탄사를 내뿜는다. 온전한 꽃잎만의 단독콘서트로 알고 있는 눈치다.

지면서도 저리 우아한 모습일 수 있는 벚꽃에 취해 멈추어 서서 위를 올려다본다. 저 꽃잎을 춤추게 한 것은 바람이었다. 후드득 떨어지고 말일을 바람이 추는 왈츠에 소품이 된 꽃잎은 꽃비도 되고 춤도 된다. 꽃잎이 떨어지면서도 슬퍼 보이지 않은 것은 순전히 바람덕택이다.

나도 남들에겐 부러움으로 보인다. 살을 빼려고 나온 사람들이 많기 때문이다. 나의 우울함은 감추어져 보이는 대로라면

날씬한 여자가 몸매를 유지하기 위함으로 비춰질 것이다. 나는 부러움의 대상으로 음성천을 걸을 것이다. 빈정댈지도 모르는 이들의 눈길을 은근히 즐기면서 말이다.

내가 꽃의 왈츠에 숨기어진 바람을 처음부터 보지 못하였듯이 사람들도 내속의 고민을 모를 터이다. 꽃에게 왈츠를 추게 한건 바람이었다고 아무에게도 알려주지 않을 작정이다.

바람이 불어온다. 한바탕 바람이 왈츠 한 곡으로 꽃잎을 날린다.

(2017. 4.)

# 고혈압군高血壓君

아카시아가 온 세상에 향기를 내뿜는다. 제 모습을 드러내지 않고도 향기로 자신을 이렇게 잘 알리는 꽃도 드물다. 고혹하지도 진하지도 않은 그윽하게 다가온다. 화려한 자태로 단번에 유혹하는 장미와는 달리 향으로 부르는 은근한 유혹이다.

해마다 이 때가 되면 내 안에서도 꽃송이가 피어난다. 몽우리가 부풀어 오르면서 가슴이 간지럼을 타기 시작한다. 마치 사춘기의 소녀처럼 발그레 부풀어 바람이 지나다 무심코 스치는 감촉으로도 감성의 세포가 들고 일어난다. 맨땅에 싹이 돋고 마른가지에 잎이 나오는 신비한 모습을 보고 어찌 마음이 들썽거리지 않을 수 있을까. 여자들은 봄을 탄다지만 쉰 해가 되어도 변함이 없다. 나이가 들면 무뎌질 만도 하건만 여전하다.

올해는 유난히 가슴이 더 뛼박질을 한다. 밤이면 더 기세가 당당하여 잠을 못 자게 훼방을 놓는다. 먼저 찾아온 불청객인 갱년기는 호르몬제의 투여로 몸살 같은 통증을 다스리고 있는 중이었다. 그런데 이 난데없는 사춘기의 증세는 무엇이란 말인가. 가슴이 뛰고 머리도 아프고 잠도 못자니 말이다.

혹여 오십춘기五十春期라도 온 것일까. 이 나이에 사춘기의 들뜸과 설레이는 마음이면 더없이 환영 할 일이다. 아들이 스물여덟 살 먹도록 느껴보지 못했던 감정이 살아나는 것이라면 아마도 이건 기적이지 싶다. 가라앉지 않고 심해져 괴롭히는 불면증 때문에 견딜 수가 없었다. 이 이상증세의 정체를 알고서 겪어도 겪어야할 것 같아서 의사를 찾아갔다. 청천벽력 같은 한마디. 고혈압이라고 한다.

아주 고약한 녀석이다. 하필이면 사춘기증세의 흉내를 내어 나를 달콤새콤한 착각에 빠지게 했는가 말이다. 저마다 다르겠지만 아마도 몸에 적응이 되기까지는 이럴 수가 있다고 한다. 의사는 체질은 저혈압인데 혈압이 왜 높은지 모르겠다며 고개를 갸우뚱거린다. 갑자기 신경을 써도 생길 수 있다고 하는데 늘 써오던 신경이다.

어렵고 힘든 길을 가고 있는 아들에 대한 불투명함과 사업하는 그이의 하루하루도 걱정이다. 또 나의 글은 해가 갈수록 글이 숙성되어 깊어가야 하건만 수박 겉핥기만 하는 것 같아 고민이 된다. 이런 소소하게 마음을 쓰는 일은 누구나 다 하고 있을 텐데 나한테는 이것도 무리였나 보다.

얼마를 지켜보아도 혈압은 떨어질 기미를 보이지 않는다. 173의 수치는 의사도 놀라고 나도 놀랐다. 이러다 큰일이라도 내게 될까봐 약을 먹기로 했다. 쓰러지기라도 하면 나보다도 내 주위에 있는 사람들이 더 고생을 할 터이다. 그렇게 폐가 되어 살면 나도 고통스럽기 때문이다.

주변에 갑자기 쓰러져 세상을 달리 한 사람이 있다. 고혈압으로 약을 먹던 분이었는데 약이 떨어져서 다시 병원에 가야 하는 일을 귀찮아서 며칠 미루다가 변을 당했다고 한다. 하루도 빠짐없이 매일 챙겨야하는 두 번째의 불청객이 나에게 찾아왔다. 이 약은 한번 먹기 시작하면 끝까지 먹어야 된다고 한다.

내가 사는 날까지 달고 가야하는 것인가 보다.

사람은 마음먹기에 달렸다. 행복해서 웃는 게 아니라 웃어서 행복해진다고 하듯이 증세가 비슷한 연유로 사춘기 병쯤으로 착각하며 살기로 했다. 봄에 찾아온 애인 한 분. 고군高君을 안에 품고 산다고 생각하기로 했다.

지금도 가슴이 뛴다. 이 나이에 연인을 가슴에 담은 죄다. 한번 들여놓았으니 끝까지 같이 가야만하는 길이다. 성가시다고 손을 놓아서는 안 되는 것이다.

(2017. 5.)

# 행복의 시차

퇴근길의 하늘이 맑다. 3월 하순에 눈이 내리고 성난 소소리바람이 불더니 오늘은 잠잠하다. 봄꽃이 꽃샘의 심술에 얼지는 않았을까 걱정했는데 제주도의 벚꽃소식이 들려온다. 꽃망울이 차가운 눈에 놀랐을 텐데 그 추위를 이겨내고 피었다니 가상하다. 유난히 춥고 긴 겨울이라 그런지 꽃소식이 어느 해보다도 반갑다.

나도 차를 몰면서 밖의 풍경을 감상중이다. 남쪽보다는 더딘 봄이 어디쯤에 와 있을까하여 나무에게 눈길이 간다. 라디오에서는 벚꽃엔딩이 흘러나오고 그 노래가 마음으로 파고든다. 천천히 마을 앞을 지나는데 사람들이 버스를 기다리고 있다. 이 시간이면 막차다. 시골의 버스는 자주 있는 게 아니다. 시간마다 있지도 않고 하루에 네 다섯 번 오간다. 시골의 버스는 믿을만한 게 못된다. 혹시라도 고장이 나면 거르는 일이 생길 수도 있다. 도시처럼 그 다음차가 바로 오는 것도 아니다.

눈앞에 지나가는 것이 보이면 뛰어서라도 타야한다. 그 차를 놓치면 얼마를 더 기다려야 하는지 알 수가 없다. 약속이라도 있으면 지각이거나 못갈 수도 있다. 도시만 생각하다가 그냥 보내버리고 다음 차를 기다렸다가는 낭패다. 그 차가 빠지는 일이 생길수도 있고 내릴 사람이 없다고 내가 기다리는 정류장에 오지 않을지도 모르는 일이다.

버스를 기다리는 몇 명 안 되는 사람들이 곧 올 시간이 되었는지 한 줄로 다닥다닥 붙어 서 있다. 거기에 얼마 전 tv 다큐멘터리로 본 핀란드 사람들의 모습이 오버랩된다. 그들은 정류장에 늘어선 사람들과의 사이가 뚝뚝 떨어져 있다. 차간 거리를 지키며 달리는 자동차처럼 서로의 간격이 멀다. 내성적이며 프라이버시를 중요시하는 그들답다.

유엔 행복보고서에 의하면 올해 세계에서 가장 행복한 나라는 핀란드라고 한다. 그리 잘 사는 나라가 아니다. 국민소득이 우리나라가 더 높지만 우리의 행복지수는 57위다. 그들은 행복한 비결을 남을 쳐다보지 않고 평범한 일상을 한껏 즐긴다고 대답했다. 커다란 것을 쫒는 것이 아니라 가까이에 있는 소소한 것에서 기쁨을 느낀다는 것이었다.

우리는 어떤가. 행복의 순위를 놓고 돈으로 보는 이들도 많다. 화려한 명예를 꼽기도 한다. 경쟁사회에서 위만 보고 따라가느라 아래에 있는 작은 것들을 지나치고 산다. 느긋한 그들에 비해 우리는 무엇에 쫓기듯이 빨리빨리에 길들여져 있다. 1년에 한 달은 호숫가에서 고요한 시간을 보내는 핀란드인 들이다. 이런 여유가 행복지수가 높은 이유일 것이다.

음악방송의 디제이는 그저께인 3월 20일이 국제연합에서 정한 행복의 날이라고 한다. 그가 물었다. “당신은 지금 행복한가요?” 얼른 대답이 나오질 않는다. 불행하다고 생각해 본적이 없는데 “예”라는 말이 뒤늦게 나온다. 행복과 불행사이의 어디쯤에서 나를 머뭇거리게 했을까.

행복도 타이밍이다. 내게 찾아온 걸 알아보지 못하고 그냥 보내서는 안 된다. 도착했을 때 제때 타야하는 시골버스처럼 말이다. 행복했었다는 사람도 있고 앞으로 행복해지려고 일한다는 이들도 있다. 그러나 어제도 아니고 내일도 아닌 오늘, 바로 지금이 기회다.

나는 묻는다. "행복공항의 어느 노선에 줄 서 있나요?" 혹여 나는 현재에, 그이는 미래에 서 있는 건 아닌지. 서로의 시차를 확인해보아야겠다.

(2018. 3.)

# 환상통

그이가 홀딱 빠졌다. 온통 그 작은 공 생각뿐이다. 손안에 쏙 들어오는 매끈한 곰보공이 그이를 홀려버렸다. 일어나자마자 틀고 퇴근하기가 무섭게 틀어놓는 채널도 골프다. 채널고정이다. 내가 좋아하는 드라마를 본지도 오래고 뉴스도 한참 되었다.

그 뿐이랴. 방송에 나오는 프로들의 레슨을 보면서 휘두르는 골프채는 공포수준이다. 거의 매일을 연습장에 나가고 그것으로도 양이 차지 않아 스크린 골프장에도 간다. 그이의 열정을 온통 뺏어간 작은 공을 외면하려해도 조금씩 관심이 간다. 그이는 볼이 홀컵에 들어가는 순간, 땡그랑 소리에 절정에서 맛보는 짜릿한 전율이 느껴진다고 한다. 그 쾌감이 멈출 수 없게 만드는 것 같다.

골프장에 다녀와서 끙끙 앓는 그이에게 보다 못해 잔소리를 한다. 무리하지 말라는 내말이 귀에 들어오지 않는 눈치다. 좋아서 하는 일이니 힘들 턱이 없다. 팔마다 파스가 도배되면서까지 쉬지를 않는다. 진통제를 먹어가면서도 그만두지 못하는 홀릭이다. 공에게 질투가 날 지경이다.

지금껏 저토록 무언가에 빠져서 좋아하는 모습을 본적이 없다. 그이가 쉰이 넘어 무엇에 정열을 쏟을 수 있다는 것이 한 편으로는 부럽기도 하다. 어쩌다 구시렁대기는 해도 그이의 열의에 갈채를 보내고 싶다.

그이는 자신만의 포즈를 찾아야 한다고 자세를 날마다 가다듬는다. 더 부드럽게 자연스런 스윙을 위해 거울 앞에서 열심이다. 골프의 구력이 9년이라지만 공백을 빼면 2년차다. 스무 해를 넘게 글을 써온 내가 부끄럽다. 그이보다  훨씬 많은 시간을 글에 매달렸으면서 아직 나만의 색깔을 찾지 못하고 있으니 말이다.

어려서부터 나는 글이라는 신병을 앓았다. 신을 모셔야 아픈 몸이 낫는 무당처럼 글신을 온전히 내안으로 받아들여야 끝나는 속앓이였다. 사주를 받아들이듯 주저 없이 작가라는 등용문에 입문했다. 나에게는 무병의 내림굿과도 같은 것이었다. 그 문을 들어선 순간, 나의 들들 끓던 신열을 내리고 답답했던 가슴이 트였다.

신을 섬기는 무당은 춤으로써 무아의 경지에 도달하여 탈혼의 과정을 거쳐 신과 접하게 된다. 기도로서 끝없이 몸과 마음을 닦아야 맑은 점사가 나오고 교만하지 않아야 신과의 접신이 잘 된다고 한다. 무의巫儀를 게을리 하면 아픈 병이 되걸린다는 것이다. 맨 처음 신을 모시는 일보다 떠나지 않게 하는 일이 더 힘들다는 것이다.

글신은 접신으로 일러준다. 자기만의 그림을 그려 스스로 제 색을 입힐 때, 거기에 자신만의 고유한 향기를 겸허히 낼 때, 내 안에 편히 안주할 수 있다고 말이다. 접신은 오랜 사유가 있어야만 찾아온다. 깊은 사고로 마음을 다듬어야 만이 신은 점사인 영감을 내린다.

처음에는 글을 쓰고 책을 읽으며 밤을 새워도 좋았다. 수없이 퇴고를 거쳐도 자신이 없을 만큼 글에 겸손했었다. 그런 내가 서서히 변해갔다. 언제부턴가 자신만만하여 건방을 떨었다. 작가라는 허울만을 쓰고 거만해지기까지 했다.

마음이 비어있어야 되는 나의 접신은 점점 주파수가 맞지 않고 있다. 자꾸만 시도해보아도 잡음소리만 들린다. 무슨 소리인지 알아들을 수가 없다. 잡념이 가려 전파를 방해하고 있기 때문이다.

다시 또 열병이 찾아왔다. 재발이다. 나는 지금 살을 찌르는 성장통, 환상통幻想痛을 앓고 있는 중이다.

(2018. 3.)

# 봄길

저만치 웃으며 봄이 오고 있다. 미소를 살짝 머금고 꽃샘바람을 가르며 온다. 금방이라도 함박웃음을 터뜨릴 듯이 볼이 잔뜩 부풀어 올라있다. 곧 황량한 들에 생명을 불어넣는 기적을 불러올 것이다.

"봄에는 사뿐히 걸어라. 어머니 같은 지구가 임신 중이니" 이 글귀는 어느 연예인의 타투에서 보았다. 자연을 사랑하는 마음이 담겨있다. 모든 생명이 깨어나는 봄의 지구는 생명체를 잉태하고 있는 어머니다. 혹여 시끄러우면 놀라니 발걸음조차도 조용히 해야 한다. 경이로운 새로운 탄생을 숨죽이고 엄숙하게 지켜보아야 된다는 인디언 속담이다.

봄은 조용하다. 안에서는 분주해도 겉으로는 평온하다. 땅속 깊이로부터 뿌리는 힘껏 물을 빨아올려 줄기로 보낸다. 수관을 채운 줄기가 가지 끝까지 물을 밀어 올린다. 잎눈이 나오는 자리가 가려운 나무는 몸서리를 쳐도 소리를 지르지 않는다. 뿌리를 더 깊이 박으며 땅속을 오르는 싹도 용을 쓰지만 밖으로 고함을 내지 않는다. 속으로 앓으며 10개월을 견뎌내는 영락없이 어머니의 모습을 하고 있다.

나무에서는 새순이 실눈을 뜨고 땅위에선 흙을 밀어 올리느라 사투를 벌이며 새싹이 올라온다. 이즈음의 초록은 어느 것 하나 예쁘지 않은 것이 없다. 추위를 견뎌내고 자신의 건재함을 보여주는 것 중에 대견하지 않은 것도 없다. 키를 키운 풀이 후에 모두로부터 구박을 당할지언정 지금은 다 곱다. 세상의 눈을 뜬 생명들은 하루하루가 다르다. 넓은 잎이 되기까지는 잠깐이다.

꽃들도 순식간에 전염된다. 기침을 해대면 옮는 감기 같다. 남쪽으로부터 꽃소식이 전해지면 눈 깜짝할 사이에 사방으로 번진다. 하얀 송아리가 죽은 듯이 보이던 나무에 일제히 보석처럼 빛을 낸다. 벚꽃처럼 사람들을 단번에 휘어잡는 꽃도 없다. 인파로 온 세상이 출렁인다. 진한 향기로 유혹한 것도 아닌데 이맘때만 되면 사람들은 꽃의 향연에 환장한다.

꽃잎이 절정에 이르면 번식을 위하여 꽃가루를 날린다. 콧노래를 불러야 될 아름다운 계절에 콧물을 흘리고 피부가 가려워 고통스러운 이들도 있다. 코가 간질거리고 재채기도 난다. 안간힘으로 피워낸 꽃송이를 거저 보는 사람들에게 알레르기라는 독소로 뿜어대는 게 아닐까싶다. 심술이 났던 게다.

언제부턴가 나도 꽃이 피면 봄 알레르기를 앓는다. 마음이 설레어 간지러움을 탄다. 쏟아지는 햇볕이 고맙고 순한 바람이 좋아지는 건 나이가 들어간다는 증거다. 해마다 찾아오는 봄을 가슴으로 안는다. 갈수록 이 계절이 애틋하여 미칠 것만 같다. 나는 꽃 한 송이 꽂은 채 정신 줄을 잠시 놓고 들판으로 쏘다니는 상상을 즐기곤 한다. 봄처녀가 되는 발칙한 순간이다.

벚꽃나무는 봄에만 사람들의 시선을 붙잡는다. 꽃이 지고나면 그 많던 이들의 눈길은 온데간데없다. 화려했던 시간은 가고 외로워하며 혼자만의 시간을 묵묵히 보내야 한다. 한철 피워낸 꽃으로 나머지 일 년을 외면당하며 기꺼이 살아간다. 나도 한때 피워준 사랑, 그 추억만으로 평생을 살아가고 있다. 아무리 쓰고 또 써도 닳아지지 않는 신비한 기억이다. 들추고 들추어내도 끝이 보이지 않는 켜다.

그가 봄길을 뚜벅뚜벅 걸어오고 있다. 그대가 되어 성큼성큼 내 안으로 들어서고 있다. 심장이 '쿵' 내려앉았다. 마음에 지각변동이 일어난다. 이건 또 다른 기적이 일어나고 있음이다. 자각몽自覺夢임을 알아차린 나는 꿈에서 빠져나오지 않으려고 눈을 뜨지 못하고 있다.

(2018. 4.)

# 소라게의 꿈

"치리릭 칙" 아침부터 탁한 기계음이 들린다. 무슨 소린가하여 밖을 내다보니 사다리가 고층에 걸쳐져있다. 위층의 어느 집이 이사를 가는가보다. 봄철만 되면 자주 보는 광경이다. 다른 지역으로 직장이 발령이 났거나 더 크고 좋은 새 아파트로 옮겨가는가 보았다.

여기서 스무 해를 살았으니 언제 이사를 해보았는지도 까마득하다. 새로 지은 이 아파트로 올 때는 꿈만 같았다. 결혼해서 처음으로 마련한 내 집이었다. 남의 집을 5년간 전전하면서 세 번의 이사를 거친 뒤다. 내게는 으리으리한 대궐이었다.

남들 부럽지 않던 대궐이 이제는 대궐이 아니다. 이제껏 세 식구가 살면서 좁거나 불편하지 않았다. 들판의 사계절을 볼 수 있는 전망 좋은 위치로 답답하지도 않고 좋다. 그래도 새로운 아파트의 큰 평수로 이사 가는 이들이 부러워 봄에는 속앓이를 하곤 한다. 소유욕에서 오는 시기심이 나를 간사하게 만들어버린 것이다.

사람들은 평수가 큰 집을 좋아한다. 남에게 보이기 위한 과시욕이 담겨져 있다. 집이 클수록 부富의 상징이 되어 더 넓은 곳에서 살기를 원한다. 요즘은 30평도 많이 사는듯하다. 아니,

50평을 갖고 있는 이들도 주위에는 꽤 있다.

이렇게 더 큰 집을 찾아 이사 다니는 바다의 소라게가 있다. 이들은 남에게 보여주기 위한 허세를 부릴 줄도 모른다. 몸짓을 커보이게 하여 상대방을 겁주려는 것도 아니다. 점점 커지는 몸에 맞는 안식처를 구하기 위해서다. 길고 나선형의 부드러운 복부를 포식자로부터 보호하기 위하여 빈 고둥껍질을 집으로 쓰고 있다. 몸이 성장하면서 작아진 껍데기를 버리고 더 큰 것을 찾아다니는 것이다.

게가 새 집으로 이동하는 때는 밤 시간이다. 몸이 밖으로 빠져나와야 하는데 이때 잡아먹힐까봐 염려가 되어서다. 나처럼 겁이 많은 녀석들이다. 이렇게 자기의 모습을 드러내지 않고 숨어서 지내는 특성 때문에 은둔자 게라는 별명이 붙었다.

어쩌다 잘못된 집을 구해서 자신보다 커다란 소라껍데기를 짊어지고 다니는 녀석도 있다. 또 너무 작은 터를 마련해서 온몸이 튀어나와 우스운 모습으로 박혀 다니는 게도 있다. 유튜브에서 여러 모습으로 살아가는 소라게를 보았다. 깨진 병의 주둥이를 집을 삼은 녀석도 보이고 사람들에 의해 버려진 블록에 터를 잡은 놈도 있다. 병뚜껑이 움직이는 게 이상해서 보니 게여서 놀랐다는 이들도 있다. 무심코 버린 쓰레기가 그들의 집이 되었다. 신기한 일이어서 올린 영상들에 마음이 짠하다. 자연을 함부로 대하는 사람들에게 던지는 메시지는 자연이 주는 경고인 셈이다.

눈을 감는다. 내 앞에 푸른 바다가 펼쳐진다. 하얀 포말이 부서지는 해변에 기우뚱거리며 애를 쓰는 소라게가 보인다. 제 몸보다 몇 배 더 큰 소라껍질을 이끌고 간다. 짓눌린 무게에 버거워하며 또 다른 집을 찾아가고 있다. 집에 가려 앞이 잘 보이지 않아 집게발을 더듬거리며 간다.

게는 천적에게 자기를 지키기 위한 위장술을 죽을 때까지 쓴다. 정작 생을 마감할 때는 껍질을 밀쳐내고 밖으로 빠져나와 죽는다고 한다. 어쩌면 사람들과 많이도 닮아있다. 집을 떠나 병원이나 요양원에서 삶의 끝을 맞고 있는 모습이 말이다.

소라게는 알고 있을 터이다. 좋은 집은 큰 집이 아니라 자신에게 맞는 편한 집이라는 것을. 거기가 바로 대궐임을……. 꿈을 꾸며 가는 소라게의 집게발에 힘이 실린다.

(2018. 5.)

# 숨과 숨 사이

장마가 한차례 세상을 쓸고 지나갔다. 비에 발이 묶여 운동을 못나간 터라 기다렸다는 듯이 음성천을 나갔다. 물이 줄어 군데군데 고여 있던 웅덩이에 잔뜩 끼었던 녹조가 싹 쓸려가고 맑은 시냇물이 흐르고 있다. 며칠을 퍼붓던 비가 그치고 흙탕물은 가라앉아 고요가 찾아온 음성천이다.

물 한가운데 백로가 고고하게 서 있다. 떼를 지어 있는 물오리에 비해 백로는 볼 때마다 혼자다. 마치 자신의 미모에 자신이 넘치는 당당하고 도도한 모습으로 비춰진다. 키가 크지 않은 나로서는 잘 빠진 긴 다리가 부럽기만 하다. 백로는 물아래를 오래오래 응시하고 있다. 사색에 잠기기라도 한 걸까. 아니면 사냥할 물고기를 탐색중인가. 나는 가만 숨을 죽이고 무슨 일이 벌어질까 오래도록 지켜보고 있었다.

갑자기 미동도 않던 몸이 움직인다. 물속으로 들어갔다 나온 부리에 물고기가 물려져 있다. 그 광경을 지켜보고 있는 나도 잠깐 동안 숨이 정지되는 느낌이다. 백로의 먹잇감이 된 고기는 몸통을 두어 번 휘두르더니 잠잠해진다. 이어 물고기는 자취도 없이 사라지고 백로는 다시 고고한 모습으로 돌아간다. 긴장해서 불규칙했던 숨이 날숨으로 뿜어진다.

숨은 들숨과 날숨의 반복이다. 숨을 들이쉴 때는 10개의 근육이 사용되고 숨을 내쉴 때는 8개가 사용된다고 한다. 사람의 들숨은 깊이 들이쉬게 된다. 공기를 최대한 많이 몸속으로 들여보내려는 본능이 있기 때문이다. 날숨은 흥분하고 화가 나 있을수록 얕아져서 가빠진다. 그리하여 마음의 평온을 깨뜨려서 불안해지기 마련이다. 이 날숨의 깊이를 잘 조절하고 다스리면 명상이 되는 것이다.

아기가 으앙하고 울음을 터뜨리는 것도 날숨으로 시작된다. 아기의 폐를 채우고 있던 숨이 나가고 그 자리에 공기가 들어오면서 첫 호흡을 하게 된다. 또한 사람이 운명을 할 때도 날숨으로 끝을 낸다. 삶의 시작과 끝을 맺는 날숨의 닦음은 수양이 된다. 해녀들이 내는 숨비소리도 날숨으로 그녀들의 호흡을 잘 참아내고 조절한 수양의 결과이지 싶다.

잠이 들면 숨이 멈추어 죽게 되는 희귀병도 있다. 온다인증후군으로 프랑스 설화에서 비롯된 말이다. 요정 온다인은 팔레몬과 사랑에 빠졌다. 팔레몬은 숨 쉬는 매순간마다 온다인을 사랑하겠다고 맹세했다. 이후 팔레몬이 바람을 피워 모든 숨에 사랑을 맹세하고 저버린 그에게 잠에 빠지면 숨을 멈추게 하겠다고 저주했다고 한다.

숨이 멎을 때가 있었다. 아들의 대학입시시험 합격발표를 클릭하는 순간이다. 빨간색의 불합격이 내 눈으로 들어오면서 숨이 막히는 경험도 했다.

숨은 들숨과 날숨의 이어짐이다. 그 이어짐 사이에 정지되는 순간이 있다. 교차의 순간은 0.2초의 여유라고나 할까. 찰나이다. 아주 짧지만 반드시 존재하는 간격이다. 서덕준 시인은 호흡이란 시에서 그 찰나의 멈춤을 "당신을 향한 나의 숨 멎는 사랑이어라" 이렇게 표현했다.

숨을 쉬다가 숨과 숨 사이의 간격을 생각한다. 나는 그것을 인연이라 부른다. 끊어질 듯 끊어지지 않는 끈. 서로 얽혀 실핏줄처럼 연결되어 있는 끈을 숨을 통해 느끼고 있다.

때로는 간격은 애타게 기다리던 기쁜 소식을 듣기 전의, 보고 싶었던 사람을 만나기 바로 그 직전에 느끼는 짜릿한 전율. 나를 숨 멎게 해줄 0.2초의 감전을 매일 꿈꾸어 본다. 그래서 내일이 기대된다.

(2017. 8.)

<발문>

# 현상과 사유의 이중주

## - 이재정의 삶과 문학

**반숙자** 수필가

이재정, 사람보다 글을 먼저 만났다. 어느 가을날 설성공원에서 제3회 여성백일장이 있었고 차상입상자로 선정되었을 때까지만 해도 전연 모르는 사람이었다. 입상자 명단을 들고 예총 사무실에 가서야 음성신문 손아무개 기자의 안식구라는 부언설명을 들었다. 장원작품과 우열을 가리기 어려울 만큼 글이 깔끔하고 신선했다.

이재정 작가와 이렇게 만났다. 첫인상이 단아하고 언행에서 절제의 아름다움이 배어나왔다. 성품이 엄정하고 올곧다는 느낌을 받았고 예총 수필교실에서 수업할 때 습작작품에서도 발견했다. 그때가 1997년이니 20년이 넘는다. 긴 세월동안 이 작가는 사원의 기둥 같은 마음의 거리에서 스승을 향한 변함없는 사랑을 보여주었다. 겪을수록 속 깊고 따뜻한 인품이다. 이번 수필집 원고를 보면서 믿음직한 그의 행보에 적잖이 놀랐다. 백일장으로 출발을 하고 수필을 공부하면서 6년만에야 등단을 하고 또 15년을 곰삭혀 첫수필집 『나 먼저 꽃피어』를 상재한다. 기쁜 마음으로 축하를 보낸다.

한마디로 말한다면 이재정은 천생 수필가다. 어려서부터 글이라는 신병을 앓았다는 화자는 '신을 모셔야 아픈 병이 낫는 무당처럼 글 신을 온전히 내안으로 받아들여야 끝나는 속앓이'

를 한 사람이다. 만약 이재정이 수필을 만나지 않았더라면 지금 무엇을 할까 생각해보면 답이 없다. 완벽한 몰입을 통한 수필세계가 그것을 말해준다. 창작의 세계가 없다면 그의 삶은 건조하고 무의미해질 것이라는 짐작이다. 그동안의 내공을 편편마다에서 읽었다. 60편 글에 소홀함이 없다. 문장 한구절마다 깎고 다듬어 질서정연하고 의미의 소통이 원활하다. 쓰려는 소재와 생각이 분명하지 않으면 이만한 성과를 낼 수가 없다. 작품들이 가족과 혈연 그리고 자연과 인생으로 압축된다. 그 가운데서도 어머니의 존재는 이 작가의 내면에 슬픔의 강으로 출렁댄다.

"처음 요양병원에 가는 날, 엄마는 옷장에서 옷을 꺼내 가방에 챙기는 나를 아무 말 없이 지켜보고 계셨다. 바지를 입히고 외투를 입히자 무슨 눈치를 채셨는지 그렁그렁한 눈으로 어디 가느냐고 물으셨다. 순간 꾹꾹 억눌러 참아왔던 눈물이 터져버렸다. 나로 시작된 울음은 집안 전체로 번져 울음바다가 되었다. <중략> 나는 독한 딸이었다. 병원에 가시는 거라고 거짓말을 했다. 치료를 잘 받아 건강해지면 오빠네 집으로 오실 거라고 했다. 이제 다시는 오지 못할 거라는 걸 알면서 터무니없이 둘러 댔다. 아마도 엄마는 이때 짐작을 했을 것이었다. 더 이상 자식들에게 짐이라는 걸 알고 순순히 따라 나섰던 것 같다."

- <엄마의 집> 부분

우리의 현실이다. 고령화 시대에 누구도 제외되지 않을 자화상이다. 작가는 누군가는 해야 할 십자가를 스스로 지고 어머니를 병원에 모시고 그곳이 엄마의 심신을 쉬게 할 진정한 엄마의 집이 되었으면 소망한다. 이 글에서 보듯 슬픔을 절제할 때 감동의 진폭이 확장됨을 알 수 있다. 또한 상황 묘사와 전개가 치밀한 구성에 힘입어 극적인 효과를 냈고 이 시대에 던지는 메시지로 극점을 찍었다. 이와 비슷한 작품으로 <님의 침묵>이 있다. 서두에 개울 건너에 핀 매화를 꺾으러 가신다고 개울로 내려가며 화자에게 어서 들어가라고 손사래를 치는 엄마의 모습을 그렸다. 그 꿈을 꾸고 난 닷새 후에 하늘나라로 가신 어머니에 대한 사모곡이다. "한량인 지아비를 만나 혼자서 사남매를 키워내느라 고생 많으셨습니다. 그곳에서는 고단한 마음을 내려놓고 편안히 쉬시옵소서" 라는 짧은 글에서 어머니의 일생에 대한 크나큰 찬사가 배음으로 깔려있지만 정작 작가는 아들 셋에 고명딸인 막내가 엄마의 아픈 손가락이었음을 회상한다.

어머니는 대지다. 내 생명을 주신 오직 한분, 그래서 누구에게나 어머니란 소재는 가장 절실하고 아프고 끈끈한 사랑이어서 감정적으로 흐르기 쉽다. 그럼에도 이재정은 아픔 가운데서도 이성을 잃지 않고  차분하게 마무리했다. 이것이 수필의 매력이다. 보편성의 획득이다. 작가의 어머니가 내 어머니가 되는 심리적인 현상이다. <사막의 현>, <효자손 무기형>도 상황은 달라도 모정을 기반으로 하는 글이다.

앞의 어머니를 향한 글에서 각도를 달리하면 재미있는 현상을 발견한다. 그러니까 사람살이의 수직의 애환이다. 이재정은 외아들에 대한 염려와 기대와 사랑으로 가슴이 꽉 찬 사람이다. 그러나 과보호하지 않는다. 마마보이를 만드는 현대의 어머니들의 귀감이다. 다만 뒤에서 넌지시 바라보며 기도하고 기다려줄 뿐이다.

"나는 우리 집 감나무를 보면서 염려스러운 마음이다. 황량한 가지에 잎을 틔우고 꽃을 피워낼 수 있을지 걱정이 앞선다.

그러나 한편으론 기대도 걸어본다. '아니야, 조금 늦게 시작할 뿐이야. 때가 되면 탐스러운 잎과 노란 연두의 꽃을 피울 테지. 감꽃의 축복으로 꽃자리에 감도 열리리라. 온전한 감이 되기 위하여 찬 서리도 감내할 줄 아는 나무 인거야. 너는 그런 나무인거야. 지금. 너는 분명 찬란한 봄을 준비하고 있는 것일 거야. "

< 감나무의 봄> 부분

이 글은 아들이 원하던 대학입시에 실패를 하고 재수를 위해 서울 학원에 보내고 좁디좁은 고시원에 남겨놓은 어머니의 마음이다. 늦게 움트는 감나무와 아들을 대비시켜 고난을 감내한 찬란한 결과를 예시하는 긍정의 마음이 잘 나타났다. <고구마에게서 캔 사랑>도 같은 맥락의 글인데 씨 고구마의 성장을 관찰하며 작가는 스스로에게 말하듯 이렇게 마무리 짓는다

"이제야 안다. 조바심하며 염려하기 보다는 격려가 필요함을. 제 잎을 말리는 아픔을 이겨내고 맨땅에 뿌리내리는 고구마줄기처럼. <중략> 엄마 품을 떠날 나이가 되어 혼자서 해야 하는 일이 많은 아들을 믿음으로 지켜보는 것만이 제 몸을 썩히며 싹을 길러내는 고구마의 모정임을 안다."

이 평온 속에 속 타는 모정이 있다. 자신도 마음의 수험생이 되어 밤 12시까지 아들을 기다리는 이 땅의 수험생을 둔 어머니의 마음을 잘 대변하는 글이다. 어머니의 간절한 염원에 상응하는 아들의 피나는 노력의 결과 지금 아들은 서울대 대학원에서 박사코스를 밟고 있다. 자식은 부모의 절대적인 존재다. 모든 부모들의 소망이고 또한 모든 자녀들의 소망을 함축해서 보여주는 의미 있는 글이다.

이재정의 작품에서 두드러지는 소재가 바로 자아에 대한 글이다. 세상과 자아에 대한 관심이 진실하지 않다면 아무리 좋은 글이라 해도 공허하다. 자연 속에서, 또는 이웃들 속에서 이재정이 향하는 최후의 시선은 자신이다. 한 여인의 심리적이고 정신적이고 신체적 일대기를 표출한 글들에서 행간의 의미까지 살펴야한다. 언어를 응축하고 사유를 단순화하는 기량이 돋보인다.

"벚꽃나무는 봄에만 사람들의 시선을 붙잡는다. 꽃이 지고나면  그 많던 이들의 눈길은 온데간데없다. 화려했던 시간은 가고 외로워하며 혼자만의 시간을 묵묵히 보내야 한다. 한철 피워낸 꽃으로 나머지 일 년을 외면당하며 기꺼이 살아간다. 나도 한때 피워준 사랑, 그 추억만으로 평생을 살아가고 있다. 아무리 쓰고 또 써도 닳아지지 않는 신비한 기억이다. 들추고 들추어내도 끝이 보이지 않는 켜다.

그가 봄 길을 뚜벅뚜벅 걸어오고 있다. 그대가 되어 성큼성큼 내 안으로 들어서고 있다. 심장이 '쿵' 내려앉았다. 마음에 지각변동이 일어난다. 이건 또 다른 기적이 일어나고 있음이다. 자각몽<自覺夢>임을 알아차린 나는 꿈에서 빠져나오지 않으려고  눈을 뜨지 못하고 있다."

- <봄길>부분

이 글의 제목이 <봄길>임을 잊는다면 작가의 마음의 유희에 저절로 미소가 번진다. 만물이 소생하고 푸르러지는 계절에 봄이 태우는 간지러움에 한껏 충만해진 감성이 자각몽에 이르는 전개가 사뭇 흥미롭다. 이재정은 겉으로는 휴화산인양 조용하지만 내면에서는 활화산이 들끓는다. 바로 이것이 글을 쓰게 하는 동인이 되고 열정이 되는 것이다.

봄의 상념이 진홍빛이라면 이재정의 가을빛은 어떠한가, 계절의 변화와 인생의 변화과정을 투시해서 작품의 완성도를 높인다. 글이 칙칙하지 않다. 우체국 마당이 온통 붉다는 잠언으로 시작한다. 단풍놀이 간 사람들이 가을 산에 자지러드는데 오히려 고운 단풍에 마음 끝이 시려오는 여인이다.

"내 앞에 와 있는 가을은 예전의 모습이 아니다. 온 산을 물들이는 컬러의 붓 터치가 지나간 자리에 마음은 숭숭 구멍이 난다. 소소리바람으로 몰려와 내 안에 통로가 생긴다. 그 길로 상강<霜降>에 쫓기듯이 질주해 오는 나의 가을과 정면으로 눈이 마주친다. 순간, 뒤돌아서서 외면을 하고 만다."

-<가을의 이유> 부분

그래서 이재정은 계절의 변화에 순응한다. 철듦이다. 사유의 성숙도가 상승한다. " 이제 마주보며 물들어 가리라. 은행나무나 옻나무의 화려한 색이 아니어도 실망할 일이 아니다. 또한 같은 색이 아닐지라도 서운해 할 것도 아니다. 서로 다른 엽록소를 인정하며 단풍으로 피어나리라. 그것이 내가 살아야할 가을의 이유다" 서로 다름을 인정하며 함께 익어 가리라는 다짐이 든든하다.

그런가 하면 <노을기>에서 마주하는 작가의 심상은 중년여성들의 공감대를 획득한 작품이다. 남편 받들기, 아들 키우기로 젊음을 보내고 찾아온 갱년기를 하루를 찬란하게 끝맺음하는 놀에 비유해서 <노을기>라 칭한다. 아름다운 발상이다. 이러한 착상은 바로 이재정의 내면에 깊은 사유의 샘을 파 놓은 결과다. 이재정은 수필로 일생을 그리는 작가다. 인생 고비고비를 글로 마디지어 현란하지 않으나 의미 있게 표출해 놓는다. "나에게 찾아온 반갑지 않은 갱년기를 저 하늘의 노을을 따서 노을기로 부른다. 황혼이 되기 전에 저녁하늘을 곱게 물들이는 노을이고 싶어서다, 아니 초라한 노구가 되기 전에 지금부터라도 뜨겁게 붉게 타고 싶어서이다. 백세 시대라고 하는 요즘에 이제 반 밖에 살지 않았는가." 사고의 반전이다. 그래서 신선하다. 정신세계가 건강하고 글이 건강한 이유다. 수필가로서 귀감이 되는 현상이다.

이재정의 글에서 "그이"라는 삼인칭이 자주 등장한다. 바로 남편이야기다. 가장 가깝고 또 가장 먼 사이가 남편이라 하지 않는가. 이재정의 그이는 비익조 같은 존재다. 아내의 우울증을 치료하기 위해서 거금을 들여 집을 리모델링한다거나 갱년기 극복을 위해 새 차를 뽑아주는 마음 넉넉한 남자다. 아내를 위해 농막을 가꾸고 아내를 위해서 열심히 일하는 남자다. 이재정이 좋은 글을 쓰는 가장 확실한 조건은 바로 그이의 사랑으로부터 출발했을 것이다. 그럼에도 둘이는 티격태격한다. 흥미진진한 부부싸움으로 재미를 선물한다.

"생각 좀 하고 운전해. 무슨 생각을 가지고 운전하냐. 뇌는 달고 다니는 거냐?"
"그래, 너 잘났다. 운전 좀 할 줄 안다고 잘난 척이야. 내가 잘하면 너한테 배우겠냐? 소리 죽인 고함으로 복수를 했다"

-<강사와 교습생> 부분

아내에게 운전을 가르쳐주는 남편의 입장과 온갖 구박을 받으며 교습비가 아까워 무보수 남편에게 배우는 아내이야기다. 이들은 동갑내기 부부다. 곧잘 틀어져도 서로 없으면 못사는 존재다. 그이를 향한 작가의 지극한 사랑이 <선장과 그 아내>에서 빛난다. 글은 "나는 청소부의 아내다"로 갑자기 시작한다.

서두가 명품이다. 어떤 수식도 없이 불쑥 나타난 첫 구절로 해서 다음이 궁금해서 조바심이 난다. 실속 없이 바쁘기만 한 신문기자였던 남편이, 펜대의 힘을 누리며 집안의 힘든 사정도 외면하면서까지 자존심을 세웠던 남편이, 생활전선에 선 자신의 16년 세월을 저당 잡히게 했다고 토로한다.

"어느 날, 폭탄발언이 떨어졌다. 그이가 청소 일을 하겠다고 통보하는 것이었다. 나는 반대를 했다. 여태 둘렀던 자존의 갑옷을 어떻게 벗어던지고 그 일을 한단 말인가. 어찌 보면 청소는 가장 밑바닥에서 시작해야 하는 일이다. 스타일도 구겨지고 마음을 다치기도 할 것이다. 도저히 그이가 잘 해낼 것 같지가 않았다. 성질을 누그러뜨리고 지금까지의 자신을 버려야하기에 나는 못미더워 자꾸만 말렸다."

-선장과 그 아내 부분>

그토록 말렸지만 "버블 그린"이라는 이름을 달고 항해를 시작한 지 한 달, 이재정은 그이가 피곤에 지쳐 잠자고 있는 방 앞에 조심스레 선다. 낮에 본 그이의 모습이 문 앞에 투영된다. 마침 토요일이어서 아파트 청소를 가는 남편을 따라가 보았다. 아침부터 저녁 여섯시까지 땀으로 범벅이 돼서 일하는 남편을 돕고 온 날, 깊은 밤 문밖에서 고마움의 삼배를 하는 아내의 모습.

"고맙습니다"

"감사합니다"

"사랑합니다"

이보다 더 아름다운 그림이 세상에 있는가. "가슴 밑바닥으로부터 서서히 올라오는 이 뭉클함은 실로 오래 만에 느껴보는 먹먹함이다." 고 토로하는 장면이 극적이다. 이 글의 클라이맥

스다.

수필은 체험이다. 꾸미지 않고 진솔하게 나오는 날것이다. 그 날것에서 오는 감동이 바로 수필이 지닌 이상이다. 수필을 쓰다보면 글속에 자신의 모습이 투영돼 있어서 삶의 의미가 달라지고 삶의 태도가 바꿔진다. 바로 성찰의 문학이기 때문이다.

끝까지 입을 다물고 있는 몇 편은 이 수필집에서 사유가 가장 빛나는 수확이다. 바로 현상과 사유의 이중주가 절묘해서다. 소재에 대한 탐색이다. 또 하나는 소재의 자기화가 미묘한 앙상불을 이뤄내고 있는 합주다. 글은 생각과 마음을 전하는 매개체다. 그 매개체가 바로 문장이다. 이재정의 글에서 문장이 단정하게 자리를 잡고 있는 것은 쓰고자 하는 내용과 생각이 절실함에서 비롯된다.

이재정은 제목붙이기 명수다. 수필을 쓸 때 제목붙이기를 힘들어하는 경우가 많다. 어느 한편도 대충 넘어간 게 없다. 내용과 제목의 상관관계는 글의 성패를 가늠하는 잣대다. 몰입의 결과다. 또 하나는 소재의 탐구다. <가을의 이유>를 보면 나무가 단풍드는 이유를 검색하고 <온몸으로 보여주는 설법>에서는 대나무의 성장과정을 관찰하고 통찰해서 작가의 사유를 촉발해 낸다. 놀라운 투시력이다. 또 하나 큰 수확은 <나 먼저 꽃피워>와 < 1이 품고 있는 비밀>이다. 전자는 작가의 시선이 이웃으로 확대되고 의미화에 성공한 작품이다. 후자는 러시아 월드컵을 소재로 한 작품으로 시의성이 잘 나타나 작품성을 높인 수작이다.

끝으로 바람이 있다면 나와 가족에서 외연을 넓히는 것이다. 누구나 처음은 자신의 내면을 펴내고 잘 아는 가족과 이웃의 얘기를 쓴다. 그 다음 과정은 자연스럽게 사회 관계망으로 확대된다. 우리는 사회적인 존재다. 사회로 시선을 돌려야하는 이유 중의 하나가 바로 문학의 효용성에 접근하기 때문이다. 문학은 이 세상 가장자리에 있는 사람들을 대변하고 우리 사회에 소금과 빛의 책무를 져야하는 이유다. 이재정이 쌓아온 문장력과 현상에 대한 남다른 감각과 끝을 알 수 없는 사유의 저력이 앞으로 수필문단에 큰 기둥이 될 것이라는 기대를 준다. 거기다가 용광로처럼 끓는 열정이 도도해서다. 대성을 빈다.